普通高等学校规划教材

船舶机舱资源管理

韩雪峰　主　编
桓兆平　主　审

人民交通出版社股份有限公司
China Communications Press Co.,Ltd.

内 容 提 要

本书内容共分九章,包括概述、组织、轮机部团队、人为失误与预防、计划的编制与实施、通信与沟通、船舶应急预案、机舱资源管理应用实例分析、实训。

本书可作为航海类院校轮机工程专业本、专科学生“机舱资源管理”教材或教学参考书,还可作为操作级和管理级的轮机部船员“机舱资源管理”课程的培训和考证参考用书。

图书在版编目(CIP)数据

船舶机舱资源管理/韩雪峰主编. —北京:人民交通出版社股份有限公司,2018.8

ISBN 978-7-114-14857-6

Ⅰ.①船… Ⅱ.①韩… Ⅲ.①机舱—资源管理 Ⅳ.①U663.82

中国版本图书馆 CIP 数据核字(2018)第 147552 号

普通高等学校规划教材

书 名:船舶机舱资源管理
著 作 者:韩雪峰
责任编辑:张 淼 郭红蕊
责任校对:刘 芹
责任印制:张 凯
出版发行:人民交通出版社股份有限公司
地 址:(100011)北京市朝阳区安定门外外馆斜街 3 号
网 址:http://www.ccpress.com.cn
销售电话:(010)59757973
总 经 销:人民交通出版社股份有限公司发行部
经 销:各地新华书店
印 刷:北京印匠彩色印刷有限公司
开 本:787×1092 1/16
印 张:8
字 数:180 千
版 次:2018 年 8 月 第 1 版
印 次:2018 年 8 月 第 1 次印刷
书 号:ISBN 978-7-114-14857-6
定 价:25.00 元

前　言

2010 年 6 月 25 日，国际海事组织（IMO）通过了 STCW 公约马尼拉修正案，该修正案更加重视人为因素对船舶安全营运的影响，并对轮机员的机舱管理能力提出了更高的要求。

在 STCW 公约马尼拉修正案中，确定了机舱资源管理的重要地位，作为操作级和管理级轮机员的适任强制性要求，将其直接列入 STCW 规则的 A 部分。适任的轮机员必须掌握的知识点包括资源的配置和分派及优先顺序、有效沟通、领导力、情景意识的获得和保持以及团队工作等。我国海事主管机关已按公约要求制定了船员适任考试、评估大纲。本书以马尼拉修正案中机舱资源管理知识和技能最低要求为基础，结合营运船舶实际，突出团队协同配合训练、突发事件应对技巧、适任考试实操训练项目等内容，强化船员的组织领导能力、情景意识、团队意识以及有效沟通能力，以达到公约要求。

本书共分九章，由重庆交通大学组织编写。全书由重庆交通大学韩雪峰副教授担任主编，长江海事局桓兆平副局长担任主审。其中，第一、二章由任亦然轮机长参与编写，第三、七章由张瑜博士参与编写，第四、五、六章由张德荣轮机长参与编写，第八章由刘光银轮机长参与编写，第九章由何宏康高级轮机长参与编写。在该书编写过程中，得到了长江海事局、重庆海事局、大连海事大学等单位领导和专家的大力支持与帮助，在此一并感谢。

限于编写时间、资料来源及编者的水平，书中疏漏之处在所难免，敬请读者、同行专家批评指正。

目　录

第一章　概　　述

第一节　资　　源

一、资源的定义

关于“资源”，目前国内外没有统一的表述。英国的一些著名英文词典将“资源”定义为“可利用的资产”或“用以维持的财源”；我国的《辞海》将其定义为“资产的来源”。一般认为，资源是指一切可被人类开发和利用的物质、能量和信息的总称，它广泛存在于自然界和人类社会中，包括自然资源和社会资源，如土地资源、矿产资源、森林资源、海洋资源、石油资源、人力资源、信息资源等。

任何一个组织若想维持生存与发展，在拥有必要的资源基础之上，必须能对有限的资源予以合理而充分的配置和应用，发挥其最佳效果，以支持组织目标的实现，所以说资源是各种生产活动不能缺少的根本保证。

二、资源的分类

通常将资源按以下几种情况分类：

(1)按资源的基本属性，分为自然资源、社会资源；

(2)按利用限度，分为可再生资源、不可再生资源；

(3)按性能和作用特点，分为硬资源、软资源；

(4)按资源的更替特点，分为可更新资源、不可更新资源；

(5)按自然资源的固有属性，分为可耗竭性、可更新性、可重复使用性、发生起源等。

第二节　管　　理

一、管理的定义

“管”原意为细长而中空之物，其四周被堵塞，中央可通达，使之闭塞为堵；使之通行为疏。管，就表示有堵有疏、疏堵结合。所以，管既包含疏通、引导、促进、肯定、打开之意；也蕴含制约、规避、否认、封闭的意思。“理”原意为沿着玉石的纹路而解析；表达了事理，剖析了事物发展的规律，通常理解为合理、顺理。管理犹如治水，疏堵结合、顺应规律而已。所以，管理就是合理地疏与堵的思维与行为。

“科学管理之父”弗雷德里克·泰勒(Frederick Winslow Taylor)认为：“管理就是确切地知道你要别人干什么，并使他用最好的方法去干”。诺贝尔奖获得者赫伯特·西蒙(Herbert

A.Simon)在谈论管理时说:“管理就是制定决策”。彼得·德鲁克(Peter Drucker)认为:“管理是一种工作,它有自己的技巧、工具和方法;管理是一种器官,是赋予组织以生命的、能动的、动态的器官;管理是一门科学,一种系统化的并到处适用的知识;同时管理也是一种文化。”亨利·法约尔(Henri Fayol)认为:“管理是所有的人类组织都有的一种活动,这种活动由五项要素组成:计划、组织、指挥、协调和控制”。

综上所述,管理定义为在某种特定条件下,围绕人力资源,采取诸如计划、组织、指挥、协调、控制及创新等一系列手段,对组织所拥有的人力、物力、财力、信息等资源进行合理有效的调控,以期获得既定目标的过程。

二、管理的特征

(一)管理的自然属性和社会属性

管理的自然属性,指管理是一种不随个人意识和社会意识的变化而变化的客观存在。这种与社会生产力相联系的客观存在具体表现在:①它是一种对人、财、物、信息等资源加以整合与协调的必不可少的过程;②它是社会劳动的必然要求,资源的整合利用与人的分工协作都离不开管理;③管理有着很多客观规律,管理活动只有尊重和利用这些规律才能取得成效。因为管理也是一种生产力,故管理的自然属性也称为管理的生产力属性。

管理的社会属性,指管理是一种只有在一定生产关系和社会制度中才能进行的社会活动,这种活动的中心问题是一个“为谁管理”的问题,它为统治阶级服务,体现着生产资料所有者指挥劳动、监督劳动的意志。它与生产关系和社会制度相联系,既是一定社会制度的体现,又反映和维护一定的社会制度,其性质取决于社会制度的性质,不同的社会制度有不同的社会属性。因为任何管理活动都是在特定的社会生产关系下进行的,都必然地要体现一定社会生产关系的特定要求,为特定的社会生产关系服务,从而实现其调节和维护社会生产关系的职能。所以,管理的社会属性也叫作管理的生产关系属性。

(二)管理的科学性与艺术性

管理的科学性首先是指有效的管理必须要有科学的理论、方法来指导,要遵循管理的一般原则与原理,只有按照管理活动本身所蕴含的客观规律办事,管理的目标才能实现。其次,管理的科学性是指一门科学,是由一系列概念、原理、原则和方法构成的科学体系,有它内在规律可循。也就是说,在人类管理活动的长河中,人们通过总结管理实践中大量的成功经验及失败的教训,已经归纳、抽象出管理的一些基本原理、原则和方法。这些原理、原则和方法较好地揭示了一系列具有普遍应用价值的管理规律,遵循这些管理规律办事,管理活动的效率就能大大提高,组织的目标就容易实现。

管理的艺术性是指灵活运用管理理论知识的技巧和诀窍。由于管理对象的复杂性和管理环境的多变性,决定了管理活动不可能有放之四海而皆准的固定不变模式,管理者应当结合所处环境创造性地运用所掌握的管理理论知识。不同的人对同样的管理方式、方法可能会产生截然不同的反应和行为,这决定了管理者只有根据具体的管理目的、管理环境与管理对象,创造性地运用管理理论知识与技巧去解决所遇到的各种实际问题,管理才可能获得成功。

（三）管理的普遍性与目的性

管理无处不在，遍布各种活动当中，这就说明管理具有普遍性；管理具有明显的意识性和目的性，且为协同动作，为完成设定目标而努力，这就是管理的目的性。

第三节　管理的基本职能

管理的职能是管理过程中各项活动的基本功能，又称管理的要素，是管理原则、管理方法的具体体现。一般将管理职能分为四项：计划、组织、领导、控制。

一、计划

计划是一个工作过程，为达成团队目标而规划和安排未来将要采取的行动，至少应包括选择并确立团队目标，确定与抉择实现团队目标的方法，确立制订计划的原则，编制计划并制订计划实施的有效措施。在所有管理职能中，计划是最基础的职能，也是完成其他职能的基石。

组织为实现既定目标需确立计划原则、编制计划，并按照某一程序实施之。在国家标准《质量管理体系　基础和术语》（GB/T 19000—2008）及 ISO 9000：2005 中对“程序”进行了规定。即程序是“为进行某项活动或过程所规定的途径”。程序可以形成文件，也可以不形成文件。当程序形成文件时，通常称为“书面程序”或“形成文件的程序”。含有程序的文件可称为“程序文件”。

二、组织

为达成计划所设定的管理目标而对各种必需的业务活动进行分门别类和按照任务分工予以组合，把管理各类任务所必需的职权授予主管人员，并规定出立体多维的协调关系。为保持任务计划的持续有效，必须按照程序调整结构，这个过程就是“组织”。组织为管理工作提供了结构保证，它是进行人员管理、指导和领导、控制的前提。

良好的组织辅之以有效的协调配合才能完成既定的目标。为有效实现团队目标，利用科学的手段和方法，加强沟通，积极调整和协同工作关系，这种行为就是协调。团队成员密切配合，内外各种关系捋顺了，也和谐了，良好的条件和环境也营造好了，团队目标的实现就更有保证了。

三、领导

领导就是引导团队内全体成员的行为进行业务活动，并对活动过程持续施加影响，目的在于使全体成员都能自愿且有信心地为实现既定目标而努力。而领导和被领导的对象就是主管人员与下属或上司与下属。在领导职能中，对人员的管理具有不可或缺的地位。而对人员管理主要包括确保选择有效性、培训有效性和考评有效性，在机构内规定的各项职务配备合适的人员，确保活动正常进行，实现既定目标。人员管理非常重要，且与其他职能有密切关系，对既定目标能否实现将产生直接影响。

领导是核心，科学决策是关键。决策是任何有目的的活动发生之前必不可少的一步，是在必要的时候做出决定之意,决策在管理中是经常发生的一种活动。决策通常是根据团队目标和客观条件的存在及对各种影响因素的客观分析做出的主观判断。

决策的程序包括目标的确定、备选方案的拟订、备选方案的评价、最优方案选择和执行及反馈。决策的目标是指在考虑内外部环境的影响,以必需的市场调研为基础而预测能获取的结果。只有决策目标明确了,决策方可避免失误。备选方案的拟订,首先分析和研究与目标相关的内外部因素,包括积极和消极因素,研判事物未来的发展趋势;其次,必须考虑外部环境各种因素,既要考虑有利因素也要考虑不利因素,还要考虑内部工作及活动的各种条件等,将事物的发展趋势和状况进行估量后予以排列组合,拟订出实现目标的方案;再次,将拟订出的方案同既定目标或要求进行初筛(对比和分析,权衡利弊),从而筛选出一个或多个利多弊少的备选方案。拟订备选方案后,便是评价前面提供的备选方案,以最有利于达到组织目标为评价标准。最终方案的选择和执行就是由决策者对备选方案进行总体评价和权衡,挑选出最佳方案。方案的执行是决策的落脚点。方案反馈评估则是通过对决策执行结果的追踪、检查和进一步评价,获取决策执行结果的偏差,采取相应措施对决策予以控制。

四、控制

管理学中将控制定义为监督团队成员的各项活动,判断组织是否正朝着既定的目标健康发展,在必要时及时采取纠正措施。也可以说控制是按既定目标和标准对组织的活动进行监督、检查,发现偏差,采取纠正措施,使工作能按原定计划进行或适当调整计划以达到预期目的。控制工作是一个延续不断的、反复发生的过程,其目的在于保证组织实际的活动及其成果同预期目标相一致。

第四节　船舶资源

船舶资源就是指与船舶相关的资源,包括船舶人力资源、船舶物资资源、船舶信息资源和船舶其他资源等。

船舶人力资源是指涉及船舶安全航行的所有人员,包括但不限于船长、轮机长、驾驶员、轮机员和保证船舶动力、通信导航及其他相关设备正常运行的其他人员,及其技能、能力、知识、潜力和协作力,是最为重要的资源。

船舶物资资源是指确保船舶正常航行和操作的物资,包括相关设备、仪器、工量具、备件和物料等航行安全所必需的物质条件。

船舶信息资源是指涉及确保船舶正常航行和操作所需要的信息与资料,包括海图、AIS(船舶自动识别系统)、命令簿、操作手册、使用指导书、航行计划、航海出版物、港口信息等,它是确保船舶正常航行与操作的必要资源。

船舶其他资源是指涉及确保船舶正常航行和操作所需要的时间、空间、技能、经验和与有关部门(如主管当局与机关、公司、团体、人员等方面)的合作及支持的深度与广度。这类资源将有助于组织目标的实现。

为了合理应用和配置不同类型的船舶资源,在船舶安全管理工作中,船舶人员应能掌握现代管理的基本知识与技能,通过对管理不同功能的运用,做到事先周密计划、现场组织和

实施有效的控制，加以正确的操纵与指挥，并合理协调相关各方之间的关系及工作，从而顺利完成船舶安全航行的任务。

第五节　机舱资源管理

一、机舱资源管理的定义

机舱资源管理属于管理科学的范畴，它是管理科学的一个分支。它是指轮机人员对船舶轮机可供利用的资源（人、机、环境等），通过计划、组织、领导、控制，落实各自在轮机各项工作中的职责，充分发挥轮机部团队的作用，对机电设备、安全设备进行合理配置和有效使用，减少和杜绝潜在的人为失误，以达到船舶安全营运与防污染目的的过程。

二、机舱资源管理的主要内容

（一）机舱资源的主要内容

机舱资源的主要内容如表 1-1 所示。

机舱资源的内容　　表 1-1

机舱资源	人力资源	计划与时间管理
		资源配置与优先顺序
		交流与通信
		团队建设
		情景意识
		领导与决策
	设备资源	推进装置
		辅助装置
		管路系统
		甲板机械
		防污染设备
		自动化设备
	消耗资源	油类
		淡水
		备件及物料
		工具
	信息资源	机舱的组织与程序
		船舶局域网传递的信息
		船舶广域网传递的信息
	环境资源	船舶机舱环境
		船舶航行环境
		航运界环境

（二）机舱资源管理研究的主要内容

1.人为失误

船舶80%以上的事故都与船员人为失误有关。研究人为因素在航行中的失误与船舶事故发生之间的关系，并根据这些关系而采取相应的措施，以尽量减少或阻断因失误而产生的事故。

2.多元文化

船舶轮机人员可能来自不同国家、不同地域。他们在工作中通常体现出多元文化的特点，会对机舱安全工作的实际操作产生一定的影响。船舶轮机人员应理解和尊重彼此文化，加强沟通，增进理解，以保证机舱的正常运行和安全。

3.情景意识

轮机人员必须随时保持良好的情景意识，利用专业知识，全面了解和掌握机械设备的状况，采取合理措施与行动，避免机械设备事故的发生。

4.团队协作

团队协作是避免个人人为失误的有效手段。为了确保机器安全运行，轮机长和轮机员要充分认识到机舱团队工作的必要性，在工作中要积极配合和协调，明确各自的职责，协调好关系，共同协作完成好工作。

5.压力与疲劳

由于船上工作的特殊性，特别是轮机人员在机舱环境下工作，易产生疲劳。为此，轮机人员在实际工作中要正确掌握自我调节工作压力和消除疲劳的方法。

6.规范操作

船舶营运中，必须遵照国际海事公约与安全管理规则，遵守船旗国政府和主管部门制定的相关法律法规，严格执行机电设备安全操作规程。

7.应急反应

船舶营运过程中可能会遭遇一些突发因素引起的非正常情况。轮机人员必须熟练掌握在紧急情况下的应急反应能力。

8.风险评估

风险评估是指在对危险辨识和安全分析的基础上，按相关的规范、标准、安全指标予以衡量，对危险的程度进行分级，以便据此结合船舶实际，提出控制系统危险的安全措施。船舶安全评估是船舶安全系统工程的一个重要组成部分，也是实施船舶安全管理的一种重要的技术手段，其最终目的是保障船舶安全和防污染。

（三）机舱资源管理的特点

机舱资源管理体系中轮机人员是主体，机舱工作要落实到具体的船员。因此，提高轮机人员的责任意识和技术业务能力，做好轮机部人力资源管理，协调好人际之间的关系，是机舱资源管理的关键。

三、学习机舱资源管理课程目的

通过学习船舶机舱资源管理的相关知识，应使船舶轮机人员能更好地做到：转变思想，

端正态度;提高情景意识,及时发现和阻断失误链;注重不同文化意识与背景,保持良好的沟通;提高管理水平,增强决策能力;遵守规章制度与操作规程,确保作业安全;了解工作压力和消除疲劳的方法;提高应急反应能力。发挥团队作用,减少和避免潜在的人为事故,以保证船舶安全营运与防污染。

课后练习

1.如何理解资源、资源管理和机舱资源管理的概念?

2.在船舶机舱资源中如何处理好"人—机—环境"之间的关系?

第二章　组　　织

第一节　组织的含义

在管理学中，组织是这样定义的，它是具有社会性的实体。组织不仅具备非常明确的目标靶向和精心设计的构架与有意识协调的活动系统，而且与外部环境联系密切。所以，在管理学中可以从两方面来理解组织的含义：首先，组织是静态的，指的是组织机构，反映出机构成员、各级职位、相应的目标任务并形成相互之间某些特定关系的集合。在这个集合中，可以把分工的范围、程度、相互之间的协调配合关系、各自的任务和职责等用部门和层次的方式确定下来，成为组织的框架体系。其次，组织是动态的，是指维系与更新组织机构，以达成组织既定目标的过程。通过组织机构的建立与变革，将生产经营活动的各个要素、各个环节，从时间上、空间上科学地组织起来，使每个成员都能接受领导、协调行动，从而产生新的、大于个人和小集体功能简单相加的整体职能。

一般认为，组织是为达成某种目的、完成相应任务并按照一定形式而形成的社会人员的集合。

第二节　组织的原则

一、目标任务原则

组织设计的根本目的在于实现组织的战略任务和经营目标。组织结构的全部设计工作必须以此作为出发点和归宿点。

二、责权利相结合的原则

责权利三者之间是不可分割的，必须是和谐统一的。权力是责任的基础，拥有权力方可负起责任；责任是权力的约束，负有责任，权力拥有者在使用权力中必须考虑可能产生的后果，不致权力滥用；利益的大小和管理者愿意担负的责任与权力的接受程度关系密切。

三、分工协作原则及精干高效原则

组织内部会根据目标任务进行专业分工和协同合作才能达成组织任务目标。众所周知，现代化企业集团的管理具有较强专业性和巨大工作量的特点，按专业的不同设置部门，在管理中明显提升工作效率。基于分工合理的基础上，相关部门必须提高协同合作的水平，方能保证相关工作的实施，从而完成组织的既定目标。

四、管理幅度原则

管理幅度是指一个主管人员能够直接有效地指挥下属成员的数目。个人精力的大小、知识架构组成、实践经验的多寡都限制了上级主管人员能够管辖的下级人员的数目,但究竟管理幅度多大合适,达成一个统一而确切标准是不现实的。因此,在研究最终确定管理层次的时候,一定要考虑来自管理幅度的有效制约。

五、统一指挥原则和权力制衡原则

统一指挥是指在具体工作中,某个下级人员只能领受一个上级领导人的命令;权力制衡是指领导人的权力监督机制,当出现某个管理层或者职务的行为正在或即将发生损害组织利益时,应通过合理合法程序,制止其权力的滥用。

六、集权与分权相结合的原则

在进行组织设计或调整时,权力集中和权力分散相辅相成,两者不能偏废。合理分权的益处在于基层组织能根据当前的实际状况做出积极准确的判断和决策。

第三节　船舶组织结构

一般而言,船舶分为甲板部和轮机部,某些船舶还设有事务部,主要职责如下。

一、甲板部

主要负责船舶航行、船体保养和船舶营运中的货物积载、装卸设备、航行中的货物照管;负责驾驶设备包括导航仪器、信号设备、航海图书资料和通信设备的使用管理;负责救生、消防、堵漏器材的管理;负责舱、锚、系缆和装卸设备的一般保养,以及淡水、压载水管理。

二、轮机部

主要负责全船所有机电设备(包括主机、辅机、电站等)的使用、管理和维护保养;负责应急和防污染设备设施的管理和维护工作。

三、事务部

主要为全船人员的生活及伙食服务和财务工作。(注:该部门基本已取消,并入甲板部)

第四节　轮机部组织结构及成员的基本职责

轮机部人员分为三个责任级别:管理级、操作级、支持级。

一、管理级

（一）轮机长

在船长和政委的领导下，轮机长必须熟悉并严格执行公司的安全和环境保护要求，对全船机械和电气设备（无线电通信导航和由甲板部使用的电子仪器除外）的操作和维护管理负总责，确保全船机电设备的适航；全面负责轮机部的安全生产和行政管理工作；全面检查轮机部规章制度的落实情况和机电设备的运行状态。

（二）大管轮

大管轮在轮机长的领导下，熟悉和执行公司的安全和环境保护要求，履行轮机值班职责，主管船舶推进装置及其附属设备，协助轮机长进行轮机技术管理和轮机部日常管理工作，确保主管设备适航。当轮机长不能履行职务时代理轮机长之职。

二、操作级

（一）二管轮

二管轮在轮机长和大管轮的领导和监督下，熟悉和执行公司安全和环境保护要求，履行轮机值班职责，主管发电原动机等设备，确保主管设备适航。

（二）三管轮

三管轮在轮机长和大管轮的领导和监督下，熟悉和执行公司安全和环境保护要求，履行轮机值班职责，主管锅炉、甲板机械等设备，确保主管设备适航。

（三）电子电气员

负责电子电气设备维护与管理，确保主管设备适航。

三、支持级

值班机工及普通轮机人员，包括机工长、电子电气技工。在轮机员的领导下，熟悉和执行公司安全和环境保护方针，执行机（炉）舱和机械设备的检修、保养和日常清洁工作。

1.如何正确理解组织的含义？

2.理解机舱资源中人力资源的构成和职能，简要分析各职级排序的合理性。

第三章　轮机部团队

船舶是一个整体,船员是一个团队,整体有整体的大局,团队有团队的利益,任何个体只有依托整体和团队才能有效发挥其作用。一个没有组织纪律性,没有服从意识的船员,即使他的能力再强,也势必会给船舶的整体工作带来危害;一个没有团队精神的船员队伍只能导致船舶不和谐的工作局面。

第一节　团队的构成及作用

据报道,在世界500强的企业中,大约80%的企业都在组织内部运用了团队管理模式。半数以上的员工报告说他们至少曾在一个团队里工作过。对提高工作绩效、激发团结精神、增强组织灵活性、使管理者集中于战略管理、从劳动力多元化中获利等的强烈需求,都促使团队这种管理模式越来越盛行。

一、团队的定义

所谓团队,指的是具有不同知识、技术、技能、技巧,拥有不同信息,相互紧密依赖的人才所组成的一种群体。团队有几个重要的构成要素:

(一)目标

团队应该有一个既定的目标,为团队成员指明方向,知道要向何处去。没有目标这个团队就没有存在的价值。

(二)人

人是构成团队最核心的力量。3个及以上的人就可以构成团队。

目标是通过人员具体实现的,所以人员的选择是团队中非常重要的一个部分。在一个团队中可能需要有人出主意,有人订计划,有人实施,有人协调不同的人一起去工作,还有人去监督团队工作的进展,评价团队最终的贡献。不同的人通过分工来共同完成团队的目标,在人员选择方面要考虑人员的能力如何,技能是否互补,人员的经验如何。

(三)定位

团队的定位包含两层意思:

(1)团队的定位,团队在组织中处于什么位置,由谁选择和决定团队的成员,团队最终应对谁负责,团队采取什么方式激励下属。

(2)个体的定位,作为成员在团队中扮演什么角色,是制订计划还是具体实施或评估。

(四)权限

团队领导人的权力大小和团队的发展阶段相关。团队越成熟,领导者所拥有的权力相应越小,在团队发展的初期阶段领导权相对比较集中。

团队权限关系的两个方面:

(1)整个团队在组织中拥有什么样的决定权。如财务决定权、人事决定权等。

(2)组织的基本特征。如团队规模、团队数量、组织对团队授权、业务类型等。

(五)计划

计划包含两个层面的含义:

(1)目标最终实现,需要一系列具体的行动方案,可以把计划理解成目标的具体工作程序。

(2)提前按计划进行,可以保证团队工作的执行进度。只有在计划的操作下,团队才会一步一步地贴近目标,从而最终实现目标。

二、团队的特征

(一)清晰的目标

团队对要达到的目标有清楚地理解,并坚信这一目标具有重大的意义和价值。同时,目标的重要性还激励着团队成员把个人目标升华到群体目标。在有效的团队中,成员愿意为团队目标做出承诺,清楚地知道希望他们做什么工作,以及他们怎样共同工作并实现目标。

(二)相互的信任

成员间相互信任是团队的显著特征。每个成员应对其他人的品行和能力都确信不疑。信任这种东西是相当脆弱的,它需要花大量的时间去培养而又很容易被破坏。只有信任他人才能换来被他人的信任,彼此不信任只能导致相互猜忌。所以,维持团队内的相互信任,需要引起管理者们的足够重视。

(三)良好的沟通

群体成员通过畅通的渠道交流信息,包括各种言语和非言语交流。管理层与团队成员之间健康的信息反馈也是良好沟通的重要特征,它有助于管理者指导团队成员的行动,消除误解。

(四)一致的承诺

团队成员对团队表现出高度的忠诚和承诺,为了能使群体获得成功,他们愿意去做任何事情,我们把这种忠诚和奉献称为一致承诺。对成功团队的研究发现,团队成员对他们的群体具有认同感,他们把自己属于该群体的身份看作是自我的一个重要方面。因此,一致承诺的特征具体体现为对群体目标的奉献精神,愿意为实现这一目标去调动和发挥自己的最大潜能。

(五)相关的技能

团队是由一群有能力的成员组成。他们具备实现目标所必需的技术和能力,相互间也有良好合作的个人品质,能出色完成任务。良好合作的个人品质常常被人们忽视。有精湛技术能力的人并不一定就有处理群体内关系的高超技巧,而团队成员则往往需要兼而有之。比如以个体为基础进行工作设计时,员工的角色由工作说明、工作纪律、工作程序及其他一

些正式或非正式文件明确规定。但就团队而言,其成员角色具有灵活多变性,总在不断进行调整。这就需要成员具备充分的谈判技能,成员必须能面对和应付这种情况。

(六)恰当的领导

有效的领导者能为团队指明前进方向,鼓舞团队成员的自信心,帮助他们更充分地了解自己的潜力。团队的领导者往往担任的是教练和后盾的角色,他们对团队提供指导和支持。

(七)内部和外部的支持

从内部条件来看,团队应拥有一个合理的基础结构。这包括适当的培训、一套易于理解的并用以评估员工总体绩效的测量系统、一个起支持作用的人力资源系统。从外部条件来看,管理层应给团队提供完成工作所必需的各种资源。

三、团队的作用

在组建团队之前,必须明确组建团队的目的,团队只是手段而不是目标。团队的功能主要表现在两个方面:一是更好地完成组织任务,二是更好地满足团队成员的心理需求。团队主要通过以下途径满足成员的心理需求:

(1)获得安全感。个体在团队中可免于孤独、寂寞、恐惧等。

(2)满足自尊的需要。个体在团队中的地位,如受人欢迎、受人尊重、承认他的存在价值等,都能满足个体自尊的需要。

(3)增强自信心。在团队中通过成员相互沟通交流,得到一致的意见或看法,可使团队成员将某些不明确、没有把握的看法弄明白,从而增强自信心。

(4)增强力量感。个体在团队中与其他成员相互支持、相互帮助、相互依存,能使个人具有力量感。

(5)团队还可以成为进行有效信息沟通的窗口。团队成员可以利用各种正式和非正式渠道互通信息,加强与各方面的沟通联系。

(6)团队还能协调人际关系,促进成员之间的相互激励。团队可以有针对性地做好成员的思想工作,化解隔阂和矛盾,促进成员间思想和感情的交流,团结互助完成团队目标。

(7)团队还有制约个体不良行为的功能。改变个体的不良行为,如果单纯从个体出发,往往效果不佳。可以借助于团队的影响和压力,从外在舆论、环境上进行约束和改造。

四、团队类型与角色作用

(一)团队类型

组建团队的方式不同,团队的类型也有所区别。西方管理学者对团队的研究也往往具体在特定的团队类型。近年来较多学者才开始关注团队的类型问题,例如 Simcktrom 等人把团队分为建议参谋团队、生产服务团队、项目发展团队、行动谈判团队。Siian 等人在总结了以往大量文献后,分了三种团队类型:工作团队、并行团队、项目团队。

工作团队就是为完成产品和服务,由较为稳定的成员组成的组织单元,内部成员通常全职并且经过挑选,并由上级领导。目前,自我管理团队、自主或者半自主、自我指导或授权型团队成为更受欢迎的团队。

并行团队是为了解决问题或者为了促成有针对性的提高，从不同部门和岗位抽调工作人员完成正常组织之外的任务。

项目团队具有时间界限，任务一般是非重复性的，并且需要大量知识、判断和专业技术的应用。团队的成员可能从需要具体技术的不同部门选取，往往制造一次性的“产品”。例如新产品发展团队，成员可能来自营销、工程和制造部门，当任务完成后团队成员又返回各自的岗位。

（二）角色作用

“天生我才必有用”，讲的是人们在人类社会活动过程中，任何人都会有自己的价值和贡献。其实，团队中的各成员更是如此。国际相关组织从团队成员性格和能力的角度对团队角色进行了深入而卓有成效的研究，并将团队角色总结为八种类型，如图 3-1 所示。

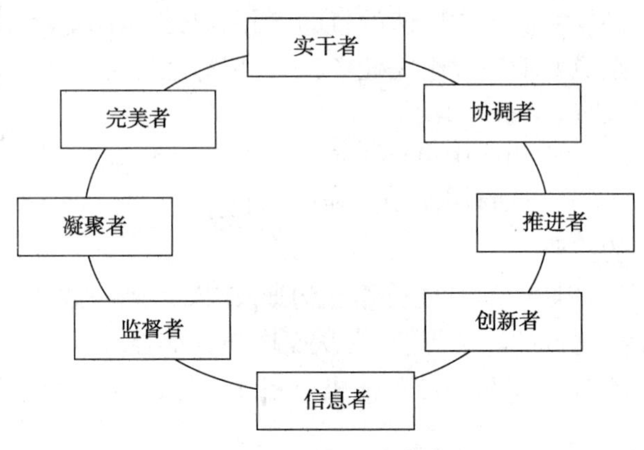

图 3-1　团队成员的角色类型

以下分别从角色描述、典型特征、作用、优点、缺点几个方面分析这八种角色。

1.实干者

角色描述：实干者非常现实、传统甚至有点保守，他们崇尚努力，计划性强，喜欢用系统的方法解决问题；实干者有很好的自控力和纪律性，对团队忠诚度高，为团队整体利益着想而较少考虑个人利益。

典型特征：有责任感、高效率、守纪律，但比较保守。

作用：由于其可靠、高效率及处理具体工作的能力强，因此在团队中作用很大；实干者不根据个人兴趣而是根据团队需要来完成工作。

优点：有组织能力、务实，能把想法转化为实际行动；工作努力、自律。

缺点：缺乏灵活性，可能会阻碍变革。

2.协调者

角色描述：协调者能够引导一群不同技能和个性的人向着共同的目标努力。他们代表成熟、自信和信任，办事客观，不带个人偏见；除权威之外，更有一种个性的感召力，在团队中能很快发现各成员的优势，并在实现目标的过程中妥善运用。

典型特征：冷静、自信，有控制力。

作用:擅长领导一个具有各种技能和个性特征的群体,善于协调各种错综复杂的关系,能平心静气地解决问题。

优点:目标性强,待人公平。

缺点:个人业务能力可能不会太强,比较容易将团队的努力归为己有。

3.推进者

角色描述:说干就干,办事效率高,自发性强,目的明确,有高度的工作热情和成就感;遇到困难时,总能找到解决办法;推进者大都性格外向且干劲十足,喜欢挑战别人,好争端,而且一心想取胜,缺乏人与人之间的相互理解,是一个具有竞争意识的角色。

典型特征:富有挑战性,好交际,富有激情。

作用:是行动的发起者,敢于面对困难,并义无反顾地加速前进;敢于独自做决定而不介意别人的反对。推进者是确保团队快速行动的最有效成员。

优点:随时愿意挑战传统,厌恶低效率,反对自满和欺骗行为。

缺点:有挑衅嫌疑,做事缺乏耐心。

4.创新者

角色描述:创新者拥有高度的创造力,思路开阔,观念新,富有想象力,是"点子型的人才"。他们爱出主意,其想法往往比较偏激和缺乏实际感。创新者不受条条框框约束,不拘小节,难守规则。

典型特征:有创造力,个人主义,非正统。

作用:提出新想法和开拓新思路,通常在项目刚刚启动或陷入困境时,创新者显得非常重要。

优点:有天分,富于想象力,智慧,博学。

缺点:不太关注工作细节和计划,与别人合作本可以得到更好的结果时,却喜欢过分强调自己的观点。

5.信息者

角色描述:信息者经常表现出高度热情,是一个反应敏捷、性格外向的人。他们的强项是与人交往,在交往的过程中获取信息。信息者对外界环境十分敏感,一般最早感受到变化。

典型特征:外向、热情、好奇、善于交际。

作用:有与人交往和发现新事物的能力,善于迎接挑战。

优点:有天分,富于想象力,智慧,博学。

缺点:最初的兴奋感消逝后,容易对工作失去兴趣。

6.监督者

角色描述:监督者严肃、谨慎、理智,不会过分热情,也不易情绪化。他们与群体保持一定的距离,在团队中不太受欢迎。监督者有很强的批判能力,善于综合思考谨慎决策。

典型特征:冷静、不易激动、谨慎、精确判断。

作用:善于分析和评价,善于权衡利弊来选择方案。

优点:冷静、判别能力强。

缺点:缺乏超越他人的能力。

7.凝聚者

角色描述:是团队中最积极的成员,他们善于与人打交道,善解人意,关心他人,处事灵活,很容易把自己同化到团队中。凝聚者对任何人都没有威胁,是团队中比较受欢迎的人。

典型特征:合作性强,性情温和,敏感。

作用:善于调和各种人际关系,在冲突环境中其社交和理解能力会成为资本;有他们在的时候,人们能协作得更好,团队士气更高。

优点:随机应变,善于化解各种矛盾,促进团队合作。

缺点:在危机时刻可能优柔寡断,不太愿意承担压力。

8.完美者

角色描述:具有持之以恒的毅力,做事注重细节,力求完美;他们不大可能去做那些没有把握的事情;喜欢事必躬亲,不愿授权;他们无法忍受那些做事随随便便的人。

典型特征:埋头苦干,守秩序,尽职尽责,易焦虑。

作用:对于那些重要且要求高度准确性的任务,完美者起着不可估量的作用;在管理方面崇尚高标准严要求,注意准确性,关注细节,坚持不懈。

优点:坚持不懈,精益求精。

缺点:容易为小事而焦虑,不愿放手,甚至吹毛求疵。

从以上的描述可知:实干者善于行动,团队中如果缺少实干者,则会浮躁;协调者善于寻到合适的人,团队中如果缺少协调者,则领导力不强;推进者善于让想法立即变成行动,团队中如果缺少推进者,则工作效率将会不高;创新者善于出主意,团队中如果缺少创新者,则思维会受到局限;信息者善于发掘最新"情报",团队中如果缺少信息者则会比较封闭;监督者善于发现问题,团队中如果缺少监督者,则工作绩效不稳定甚至可能大起大落;凝聚者善于化解矛盾,团队中如果缺少凝聚者,则人际关系将会变得紧张;完美者强调细节,团队中如果缺少完美者,则工作会比较粗糙。

五、高效团队的形成过程

团队建设除了相应的硬件资源外,相当一部分都是比较活的"软"资源,这里主要说明一下高效团队形成过程所需的"软"资源。

(一)团队目标

建立工作团队的目的是为了实现一个既定的目标,进行团队工作也是为了更快、更好、更有效地完成这个目标。团队目标是凝聚团队成员相互合作、相互支持的黏合剂,也是团队积极工作的内动力。团队只有设立了一个目标,并且只有参与的各方都全力以赴,实现这个目标,才会集中注意力,形成更加紧密团结的团队。

(二)分工和授权

传统团队组织是通过分工和授权给别人制定义务、权利和责任再达到目的,其结果产生了一个运作等级。每一组织的组织方法和运作手段都不尽相同。传统的组织设计有其优点,也有其缺点。传统组织提供了很多工作支持,如专业化的帮助、适当的资源以执行工作、提供担保和相当可靠的工作条件等。但对精神支持显得不在行。在组织系统里既需要提供

工作支持,也要提供精神上的支持。

(三)团队领袖

分工和授权做好以后,形成了一个复杂的关系网,将人们联结成一个运作平稳的组织。每一级别的职能团队都与其直接上层和下层有联系。这时,需要一个团队领导,不仅要把他的团队与组织中的其余部分联系起来,还要指挥和协调团队工作。如果所有的联结点都能发挥作用,那么组织就能运作得如同一个整体。

然而,团队领袖经常犯的一个错误就是把团队本身的利益看得太高,没有很好地把团队利益和组织利益的关系摆正。因此,团队领袖自身的能力和素质是团队建设的一个非常关键的因素。

(四)团队结构

就像组织为了实现目标必须在有效的结构下运行一样,团队为了提高效率,弹性应变,也必须建立一套适用于团队发展的团队结构。影响结构设计选择的主要因素包括组织的战略、技术水平、规模,甚至于领导层的偏好环境条件也会有所不同,所以适用于一种环境下的结构设计,不一定在另外一种环境条件下也适用。既然环境因素因时而异,那么就尤其需要灵活的结构设计,以便及时改变,以更好地适应变化的环境。

(五)团队成员

对团队成员的要求包括他们的技能、能力和素质,更主要的是他们的团队精神。当然,这些都与他们在团队工作中所处的地位和角色密切相关。团队成员必须适当地胜任工作。除了这些要求以外,只有在所有成员都清楚他们要与之打交道的所有其他人的角色时,成员才能作为一个团队工作。只有做到了这一点时,成员们才能根据工作的需要自发地做出反应,采取适当的行动来完成团队的目标。

第二节　轮机部团队工作

轮机部团队工作,是由轮机部担任不同职务的船员组成的共同负责船舶安全与防污染职责的工作团队。在团队内,每个成员都以相应的职责分工、规章制度和操作规程为标准,全员参与、团结协作,努力实现船舶安全营运与防止环境污染的共同目标。

一、轮机部团队工作方式特点

(1)明确分工。落实轮机部船员岗位责任制,按职务职责明确相应的机电设备及系统管理。

(2)密切协作。轮机部团队成员都要建立相互团结、同舟共济的团队意识,协作完成团队目标。

(3)沟通交流。轮机部团队要主动与甲板部、公司、港口及主管部门等进行有效沟通与交流,提高信息在团队内的沟通效率,提高轮机部的反应能力。

(4)团队建设。轮机部团队领导要支持、鼓励、督促和指导团队成员专业理论和操作能力的提升,为团队成员的业务能力的提高和职务晋升提供帮助。

二、轮机部团队精神培育

所谓轮机部团队精神，简单来说就是船员的大局意识、协作意识和服务精神的集中体现。团队精神的核心是协同合作，反映的是个体利益和整体利益的统一。良好的团队精神可以充分发挥船员的集体潜能。团队精神并不是以牺牲自我为前提的；相反，团队精神尊重个人兴趣和成就，培养和肯定每个船员的特长，从而充分发挥每个船员的作用。

在船上工作生活过的人大概都有这样的经历，当身体不适的时候，特别渴望同事给予关心和安慰。并不是说关心和安慰对身体的康复有多么神奇的疗效，重要的是让船员感觉到个人受到了重视，感觉到这个集体的温暖，有了困难会得到帮助，从而有安全感；如若这个集体遇到了问题，需要他的时候，他也会毫不犹豫地挺身而出，这就是团队精神。这对我们这种工作和生活环境相对封闭、独立的人而言是大有裨益的。

如上所述，团队精神包含团队的凝聚力、团队的合作意识、团队的士气。良好的团队精神在船舶上主要体现在四个方面：

(1)良好的团队精神可以预防事故的发生，有益于安全工作。事故的发生有多方面因素，人的因素占很大的成分，大家相互协作，取长补短，彼此提醒，事故就一定会大幅度减少。

(2)良好的团队精神有助于增加船员之间互相沟通、交流，实现船舶节能增效的目标。“降本增效”不是一句空洞的口号，需要大家共同努力、共同钻研才能够取得显著效果。

(3)良好的团队精神可以促进船员个人事业的发展。每个人在工作上都可能遇到这样或那样的问题，如果和周围的人经常沟通，就会及时化解一些矛盾，解决相关的问题，对自己的个人业务也会有促进和帮助，一旦有了发展的机遇也能很好把握。

(4)良好的团队精神可以健全人格，完善提高个人素质。集体中的每个人各有各的长处和缺点，只有融入这个团队，才会发现对方的长处，同时也能在比较中看到自己的不足，逐步培养自己求同存异、与人为善的素质，形成良性循环。在日常生活中，培养良好的与人相处的心态，并加以运用，这不仅是培养团队精神的需要，而且也是获得人生快乐的重要方面。

课后练习

1.人是构成团队最核心的力量，一般有________就可以构成团队。

A.1个(包含1个)以上　　B.2个(包含3个)以上

C.3个(包含3个)以上　　D.不能确定

2.国际相关组织从团队成员性格和能力的角度对团队角色进行了深入而卓有成效的研究，将团队角色总结为________类型。

A.六种　　B.七种　　C.八种　　D.九种

3.团队形成的基本要素是成员之间________。

A.有着共同的目标　　B.相互依赖

C.具有团队意识和责任心　　D.A+B+C

4.良好运转的高绩效团队具有________等显著特征。

A.明确的目标，相关的技能　　B.良好的沟通，一致的承诺

C.有效的领导和成员间相互信任　　D.A+B+C

5.开展团队工作的四个步骤是________。

A.组建、冲突、规范、领导　　B.组建、冲突、规范、执行

C.目标、冲突、规范、执行　　D.组建、任务、规范、执行

6.下列________不是团队精神包含的内容。

A.团队的凝聚力　　B.团队合作的意识

C.团队的创造性　　D.团队高昂的士气

7.团队有几个重要的要素构成,包括________。

Ⅰ.人　Ⅱ.目标　Ⅲ.团队的定位　Ⅳ.权限　Ⅴ.计划

A.Ⅰ+Ⅱ+Ⅲ　　B.Ⅱ+Ⅲ+Ⅳ

C.Ⅲ+Ⅳ+Ⅴ　　D.Ⅰ+Ⅱ+Ⅲ+Ⅳ+Ⅴ

8.高效团队的特征是________。

Ⅰ.清晰的目标　Ⅱ.充分的人际技能　Ⅲ.相互的信任　Ⅳ.一致的承诺

Ⅴ.良好的沟通　Ⅵ.有效的领导

A.Ⅰ+Ⅱ+Ⅲ　B.Ⅱ+Ⅲ+Ⅳ+Ⅵ　C.Ⅰ+Ⅱ+Ⅲ+Ⅳ+Ⅴ　D.以上全部都是

9.团队的功能主要表现在________两个方面。

Ⅰ.更好地完成组织任务　Ⅱ.更好地满足个体人员的心理需求

Ⅲ.更好地完成个体成员的任务　Ⅳ.更好满足组织要求

A.Ⅰ+Ⅱ　B.Ⅱ+Ⅲ　C.Ⅲ+Ⅳ　D.Ⅰ+Ⅳ

10.团队满足成员的心理需求通过的途径包括________。

A.获得安全感　B.满足自尊的需要　C.增强自信心　D.以上都是

11.团队的角色包括________。

A.实干者和协调者　　B.推进者和创新者

C.信息者和监督者　　D.以上全部都是

12.团队的精神核心是________,反映的是个体利益和整体利益的统一。

A.团结一致　B.互相帮助　C.坦诚相对　D.协同合作

13.下列哪一点不是团队精神包含的内容________。

A.团队凝聚力　　B.团队的合作意识

C.团队的创造性　　D.团队高昂的士气

14.团队精神,简单来说就是________的集中体现。

A.大局意识　B.协作精神　C.服务精神　D.以上都是

15.从团队成员性格和行为的角度可以将团队成员分成八种类型的人员,下列________是属于这八种类型的人员。

A.领导者　B.凝聚者　C.沟通者　D.服从者

16.从团队成员性格和行为的角度可以将团队成员分成不同的类型,不同角色的典型特征,描述错误的是________。

A.实干者的典型特征,有责任感,高效率,守纪律但比较保守

B.推进者的典型特征,冷静,自信,有控制力

C.创新者的典型特征,有创造力,个人主义,非正统

D.监督者的典型特征,冷静,不易激动,谨慎,精确判断

17.当员工产生不满情绪,而事情不能得到解决时,正确的做法是________。

A.不需要让团队了解上级领导的反应　　B.把团队的意见反映给上级管理人员

C.越权采取相关行动　　D.置之不理

18.高效团队应具有的特征描述,错误的是________。

A.从内部条件看,高效团队应拥有合理的基础结构

B.从外部条件看,管理者应该给团队提供完成工作必需的各种资源

C.在高效团队中,成员被分配了合适的角色,并对其完成工作具有(一定的)自主权

D.高效团队领导者能为团队建立愿景,指明前途,鼓舞成员信心,帮助他们更充分地挖掘自己的潜力

19.构成团队5个重要构成要素中,最核心的是________。

A.目标　　B.人　　C.团队的定位　　D.计划

20.关于轮机部团队的类型叙述正确的是________。

A.轮机部团队的类型并不是固定不变的,不同的问题与解决方案,不同的成员与任务,就有不同类型的团队

B.轮机部团队是策略型团队

C.轮机部团队是问题解决型团队

D.轮机部团队是静态的团队

21.关于团队精神的阐述,以下哪条是错误的________。

A.团队精神的核心是协同合作,反映的是个体利益和整体利益的统一

B.良好的团队精神可以充分发挥集体的潜能

C.团队精神是以牺牲自我为前提的

D.有团队精神的团队,团队成员的个人智商可能是100,但加在一起的团队智商可能会达到150甚至更高

22.团队成员的作用,说法错误的是________。

A.实干者善于行动,团队中缺少实干者则会太乱

B.监督者善于发现问题,团队中缺少监督者,则工作效率不稳定甚至大起大落

C.协调者善于寻找合适的人,团队中缺少协调者,则领导力不足

D.信息(创新)者善于发现"情报"团队中缺少信息者,则思维会受到局限(封闭)

23.团队成员的作用,说法正确的是________。

A.协调者的作用:擅长领导一个具有各种技能和个性特征的群体,善于协调各种错综复杂的关系,喜欢平心静气地解决问题

B.实干者是确保团队快速行动的最有效成员

C.凝聚者善于分析和评价,善于权衡利弊来选择方案

D.监督者善于调和各种人际关系,在冲突环境中其社交和理解能力会成为资本

24.团队成员的作用说法错误的是________。

A.推进者善于让想法立即变成行动,团队中如果缺少推进者工作效率就会不高

B.创新者善于出主意,团队中如果缺少创新者思维会受到局限

C.实干者强调细节,团队中如果缺少实干者则工作会比较粗糙

D.凝聚者善于化解矛盾,团队中如果缺少凝聚者则人际关系会变得紧张

25.团队成员可分为八种类型,其中凝聚者的优点是________。

A.目标性强,待人公平

B.随时愿意挑战传统,厌恶低效率,反对自满和欺骗行为

C.冷静、判别能力强

D.随机应变,善于化解各种矛盾,促进团队合作

26.团队成员可分为八种类型,其中实干者的缺点是________。

A.当初的兴奋感消逝后,容易对工作失去兴趣

B.在危机时刻可能优柔寡断,不太愿意承担压力

C.容易为小事而焦虑,不愿放手,甚至吹毛求疵

D.缺乏灵活性、可能会阻碍变革

参考答案

1.C;	2.C;	3.D;	4.D;	5.B;
6.C;	7.D;	8.D;	9.A;	10.D;
11.D;	12.D;	13.C;	14.D;	15.B;
16.B;	17.B;	18.C;	19.B;	20.A;
21.C;	22.D;	23.A;	24.C;	25.D;
26.D				

第四章　人为失误与预防

第一节　人为失误、失误链及事故致因理论

据统计，在船舶事故中有80%以上都是人为因素所造成。其中由人为因素造成的碰撞事故占所有碰撞事故的比例最高，达89%～96%，另外搁浅事故、船舶结构损坏事故、火灾和爆炸事故占相应事故比例分别为79%、75%、75%。

一、人为失误定义、分类及原因

人为失误(行为失误)是指在生产、工作过程中，当人的实际需要实现的功能与预期的功能不一致时，导致其结果可能以某种形式给生产、工作带来不良影响的行为。也就是说，人在生产、生活及工作中产生的错误或误差。研究人为因素，就是研究一个一个的人为失误。

人为失误主要表现为未能完成必要的功能；实践了不应该完成的任务；对意外未做出及时的反应；未意识到危险情境；对复杂的认知反应做出了不正确的决策。

人为失误的分类方法比较多，人为失误产生的主要原因也比较复杂，既有人的主观原因，也有客观原因；既有生理因素、心理因素，也有环境因素。船员的人为失误类型及原因分析如表4-1所示。

常见人为失误类型与原因　　表4-1

类　型	原　因	类　型	原　因
疏忽和失误	精神涣散和偏见 正常可预见环境的变化 压力和疲劳	文化制约	对权威的认可、盲从，不敢质询高级船员 可能对意图的误解和毫无疑问地服从
基于法规的错误	没有考虑法规而草率决定 没有注意到法规不适用 错误应用简化法规 由于信息不明确而犯错	违反安全惯例	自满、凭经验 冷漠导致懒惰而不是遵守 执行而不是出自意愿的遵守 个体或班组的动机与行为问题
基于知识的错误	由于无知而犯错 由于无知而自负 有关原则的理解错误		

二、失误链

美国著名安全工程师海因里希(Herbert William Heinrich)通过分析工伤事故的发生概率,总结出“海因里希法则”(Heinrich's Law):在1件重大的事故背后必有29件小的事故,还有300件潜在的隐患。即300∶29∶1法则。

海因里希(Herbert William Heinrich)提出的事故调查结论:每一起重大事故背后,存在着3000起不安全行为,如图4-1所示。这很容易让人这样想,上次我也只这么做的,什么事都没发生,这一次应该也不会有什么问题吧。海因里希法则(Heinrich's Law)提示了不安全行为形成失误链之间的内在必然性。

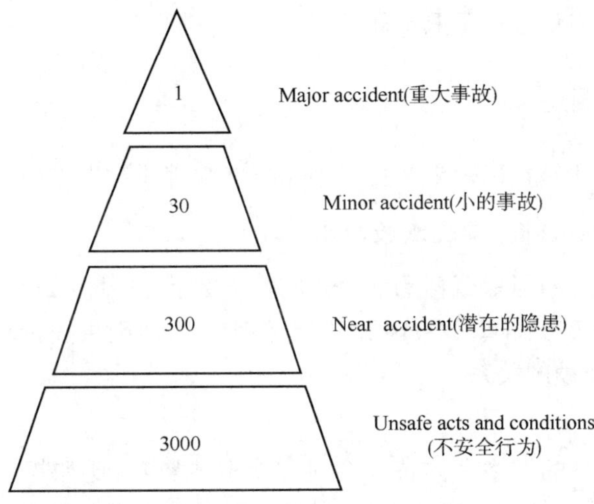

图4-1　不安全行为与事故的关系

(一)失误链的定义

海难和事故很少是由于单独事件导致的后果,而是由一系列并不严重的过失构成的失误链所致。导致事故的一系列事件或事件链称之为失误链。

(二)失误链的形成

1.不确定性

当两种或两种以上单独的信息源产生矛盾或其他合成的信息来源不一致。

2.注意力分散

领导与管理的失误、超负荷工作、精神压力和疲劳、紧急情况等均可造成注意力分散。

3.感知不全面或混乱

失去局面控制感的人员,不知道随后将会发生什么。对局面难以确定和产生感觉混乱,通常是缺乏职业的直觉和认知不清,这往往是由于经验缺乏造成的。

4.通信中断

船内通信可能被物理因素所干扰,或因缺乏共同语言或不同的处理方法而中断;外部通信的中断可能是没有共同语言或误解造成的。不正确或不良的通信将导致指令不能被正确执行、要求重复指示、信息丢失、不能完整地接受和理解计划的错误。

5.指挥或监测不当

未能加以适当的控制与指挥、机电设备偏离设定工况运行,未能安排好监测人员、能胜任工作的人员不足等。

6.违反已建立的规则或程序

没有正当理由而背离明确规定的规则和标准操作程序。例如:港口防污规则、机炉舱规则、轮机操作程序和公司政策等。

7.自满

往往是由于对工作与任务过于熟悉而盲目自信。

三、事故致因理论简述

船舶事故的发生往往是在运输生产过程中违反客观规律和操作规程所造成的后果。

(一)海因里希(Heinrich)事故连锁理论

海因里希将连锁事故的因素概括为5个:①遗传及社会环境;②人的缺点;③人的不安全行为或者物的不安全状态;④事故;⑤损害或者伤害。事故因果连锁理论认为伤亡事故不是一个孤立事件,而是连锁的关系。

1.遗传及社会环境

遗传带来的某些不良的性格个体特征会对安全造成影响,比如粗心、固执、暴躁及鲁莽等;另外,人是社会的产物,社会环境也影响个体性格、思维方式及习惯的养成。

2.人的缺点

包括先天缺陷和后天不足。人的鲁莽、固执、偏见、易激动、神经、轻率等性格上的天生缺陷和缺乏安全生产知识和技能等的后天不足,不仅会做出不安全行为,还会使物处于不安全状态。

3.人的不安全行为或者物的不安全状态

人的不安全行为或物的不安全状态是造成事故的两个直接原因。

4.事故

事故是一种由于物体、物质或者放射线等对人体发生作用,使人员受到或可能受到伤害、出乎意料的、失去控制的事件。

5.损害或者伤害

即直接由事故产生的财产损害或者人身伤害。

(二)小弗兰克·博德(Frank Bird)连锁理论

小弗兰克·博德(Frank Bird)对海因里希(Heinrich)事故理论的5个因素加以进一步的延伸,更强调在事故连锁过程中从管理的角度上对环境、事故、人为因素进行宏观调控的重要性,如表4-2所示。

博德事故因果连锁理论的5个因素 表4-2

安全管理	工程技术措施预防事故是重要方法，而安全管理工作是从根本上防止事故发生的重要保障。不安全的管理往往是导致事故的发生诱因
个人及工作条件的原因	个人原因包括缺乏安全知识或者技能，行动动机不正确，生理或者心理有问题等；或者处于有害的作业环境因素如温度、湿度、粉尘、气体、噪声、照明等。只有找出并控制这些原因，才能有效防止后续原因的发生，从而防止事故的发生
直接原因	人的不安全行为或物的不安全状态是造成事故的两个直接原因。虽然直接原因可以看成是表面现象，了解并追究安全管理的缺陷的背后隐藏原因，做好预防事故的发生，是安全管理中的重点
事故	博德采用了能量转移的观点，用“incident”取代了“accident”，将事故认为是人体承受了超过其承受阈值的能量
损失	人员伤害和财产损失统称为损失。在许多的情况下，可以采取合适的措施使事故造成的损失最大限度地减少，像对受伤人员进行迅速正确地抢救，对遇险船舶的迅速救助，对设备进行抢修以及平时的有关人员的应急训练，争取采取一切可行有效的方法来减少事故发生所带来的损害，同时预防事故的进一步的扩大

小弗兰克·博德(Frank Bird)事故因果理论，认为事故的根本原因在于管理上的缺陷，管理负有第一责任，所以要加强对人、船、机、信息、环境等因素的宏观控制。

第二节　情景意识

一、情景意识的定义及对安全的影响

(一)情景意识的定义

情景意识是人们对于事故发生的一种预知和警惕，是指在一个特定的时间对影响机电设备的因素和条件的准确感知，能敏捷地察觉和了解周围情况的变化及影响，能正确考虑和计划好即将面临的局面，能随时知晓与团队任务相关的将发生的事情，能够识别失误链和在事故发生前将其阻断的能力等。总之，情景意识是安全意识的一个重要组成部分，是一种能识别风险并阻断失误链的能力。

(二)情景意识对安全的影响

情景意识是一种能识别风险并阻断失误链的能力，对安全有很大的影响，在船舶安全中起着相当关键的作用。

情景意识的强弱与工作人员的知识、经验、操作技能、领导与管理技能、身心状况、理解

力、判断力、适应性以及工作的熟悉程度相关。情景意识越强,事故风险就越小,安全系数就越高。船员的知识、经验越强,理解力、判断力和适应性就越好,对船舶和设备越熟悉,对局面和条件的感知越清晰、准确,团队协作能力越强,情景意识就越高,从而可以预防和控制轮机事故发生。

二、影响情景意识的因素

保持良好的情景意识是预防和控制事故发生的有效措施,情景意识与以下几方面因素有关。

(一)身心状况

良好的身体和心理素质是良好的情景意识的基本条件。若轮机人员没有充分的休息、健康状况不良、心理素质差就不能适应海上多变的自然条件以及机舱繁重、恶劣的工作环境,也不能有足够的体力去学习和灵活应用自己的知识和技能,更不会保持良好的情景意识。同时优秀的职业道德水准、强烈的责任感和事业心、顽强的意志力、临危不惧的应变能力、良好的安全意识和环境意识等,都是轮机部人员具有良好的情景意识应有的心理表现。

(二)知识和技能

毋庸置疑,知识和技能是做好所有事情的基础。任何工作最终还是依靠个人工作而完成。而要提高与增强个人情景意识,必须充实自身知识和提高技能。学习和训练则是掌握知识和技能的唯一途径。在平常的工作中,应不断加强自身的学习和训练,也要加强在技能、公约、法规、规则等方面的培训。

(三)适应性与熟悉程度

海上环境千变万化,轮机人员的适应性越好,对设备和工况的熟悉程度越高,在紧急关头做出第一反应就越快,做出的判断的准确性和采取措施的合理性就越高,情景意识越好。

(四)注意力与判断力

根据心理学家研究,注意行为分为无意注意、有意注意、有意后注意三种。其中无意注意是指自然而然发生的、不需要作任何意志上努力的注意,不易疲劳;有意注意是指有自觉的目的、需要作一定意志上努力的注意,较易出现疲劳;有意后注意是指有预定目的,需意志努力的注意过程,它是在有意注意的基础上,随着个体对特定对象认识的积累及在积极情绪体验的支持下形成的注意,该注意形式也不易疲劳。

人的精力是有限的,合理分配注意力可以最大限度降低人的疲劳,避免降低人的警惕性。工作中应尽可能利用团队配合,成员间及时善意地提醒和知识技能的互补,会提高识别失误链和阻断失误链的能力。

为了实现有效而正确的决策判断,轮机人员还必须对信息进行整理、分析,以便正确确定其真伪。因此,轮机人员具有良好的注意力与判断力也是情景意识的重要表现。

(五)领导与管理技能

良好的领导与管理技能是预防和控制轮机事故发生的有效措施,也是保证该团队所有

成员具有良好的情景意识的关键之一。

三、情景意识的培养途径

(一)丰富的理论知识和扎实的专业技能是培养情景意识的基础

知识是人类对自然客观规律的认识和经验的总结和概括,包括理论知识和基本技能。理论知识是人类智慧的总结,也是能力培养的基础。

丰富的轮机工程专业理论知识不仅是轮机员做出专业判断的前提,还是识别失误链的基础,而扎实的专业技能是阻断失误链、破除失误链的手段和保证。

(二)加强轮机管理的关联研究是培养情景意识的关键

船上设备、系统繁多,各设备、系统相互关联组成一个庞大的完整系统。很多时候,轮机员的一个细微失误就可能让整个系统瘫痪,正所谓"牵一发而动全身"。有经验的轮机人员对船舶各设备和系统之间的相互联系和影响深有感触,轮机员良好的情景意识体现在对"人—机—信息—环境"之间的关系了然于胸,在识别失误链、阻断失误链的过程中,才能做到从千头万绪的线索中做到提纲挈领、游刃有余。

(三)良好的工作态度是培养情景意识的保证

良好的工作态度来自于轮机工程人员的责任心。对工作的重要性和对船舶安全重要意义有高度认识、对轮机工程技术保持浓厚的兴趣、对工作充满热情,轮机人员就会积极主动、迅速地发现异常状况等信息,从而识别失误链并及时阻断失误链。

培养轮机人员良好的工作态度,可从以下三方面入手:首先,培养良好的安全工作习惯和行为。严格管理制度,养成认真负责、一丝不苟的良好的作风、习惯。其次,加强轮机员的安全风险意识,强化轮机员的工作责任感,并使之内化为自我的认知观念。再次,弘扬航海文化,培养轮机工程专业学习氛围,激发轮机人员对轮机工程专业的兴趣,营造快乐学习气氛。

(四)重视注意力的分配是情景意识培养的重要环节

假如我们将注意力专注到某项工作或事情上,与此无关的信息就会自然而然地被过滤掉;反之,注意力过于分散,收集的信息可能太少或不全。因此,充分认识注意力的有限性,合理分配注意力,保持较好的情景意识是轮机人员应该主动做好的事情。

(五)做好轮机管理中特殊情景的预想是培养情景意识的助推器

情景意识可以说是一种触"景"而生"情"的应变能力。"景"指的是某个特定环境或状况,"情"指的是根据特定环境或状况下做出的某种判断,进而采取合理措施来应对,及时阻断失误链。简而言之,情景意识强调识别风险—做出判断—采取合理措施—阻断失误链等四个过程。具有良好情景意识的轮机工程人员在遇到紧急状况时,能做到指挥若定、有章法有顺序地迎刃而解,一方面是由于自身过硬的专业素质,另一方面就在于他们心中对各种可能出现的状况早有预想和应对措施。事实证明,船舶的应急预案是非常有必要的。而且,轮机员多做特殊情景的预想对于自身业务能力和水平的提高是非常重要的。

(六)加强对轮机管理案例的学习研究是情景意识培养的捷径

“他山之石,可以攻玉”。加强对轮机管理案例的研讨、分析、总结,举一反三,并获得经验和教训,是情景意识培养的捷径。

第三节　疲劳与压力

一、疲劳

疲劳目前还没有个统一的定义,IMO(国际海事组织)对疲劳的定义是“由于身体、精神或情绪上的消耗,导致体力和(或)思维能力上的降低。它可以使行为者能力降低,这种降低包括力量、速度、反应时间、协调性或平衡性”。

航运界已经普遍认识到疲劳是造成人为失误的主要原因之一,对船舶航行安全构成严重威胁。

(一)疲劳容易引起的现象

1.不能集中注意力

不能组织有效的活动,注意一些琐碎的小事而忽略了重大的问题,警惕性降低。

2.决策能力降低

错误的判断和理解,没有注意应该做的事情。

3.记忆力降低

遗忘、程序错漏、工作不认真。

4.反应迟钝

对正常、非正常或紧急情况的反应迟钝。

5.活动失去控制

不能保持清醒,语言障碍,提起重物时不能尽全力。

6.行为改变

沉默寡言、沮丧、易发怒及具有反社会的行为。

7.态度改变

估计不到危险,观察不到警告信号,具有较高的冒险倾向。

(二)疲劳产生的原因

疲劳产生的原因比较复杂,既可能是长时间的脑力或体力劳动造成的,也可能是不适当的休息或是不理想的环境因素造成的。

对船员而言,公认的疲劳原因通常可以由以下一种或几种复合叠加所致:

1.船员自身方面

它与船员的生活方式、行为、个人爱好等有关。主要包括:①睡眠和休息;②生物钟或生理节律;③心理和感情因素,紧张或不安;④饮食不当,疾病或服用药物;⑤超负荷工作。

2.管理方面

它与船舶的管理及操作有关。主要包括:①组织因素;②航行条件;③航次计划等。

3.船舶方面

它与可能引起疲劳的船舶特性有关。主要包括:①船舶性能;②设备可靠性;③检查与维护;④船舶的运动。

4.环境方面

它包括外部环境与内部环境两个方面。内部环境可能是噪声、船舶振动、温度等;外部环境有港口情况、天气情况、船舶交通情况等。

(三)睡眠

引起疲劳的原因很多,睡眠问题是造成疲劳的主要原因。有研究表明,疲劳主要与睡眠的连续性、持续时间和质量有直接关系,没有足够睡眠时间的人,很容易产生疲劳。

一个有效的睡眠必须同时具有以下 3 个条件:①合适的持续时间,每个人所需的睡眠时间不尽相同,通常认为平均 7~8h 是合适的(实践证明,一个持续 7h 的睡眠,其效果远胜于 7 个持续 1h 的打盹);②高质量的睡眠;③较好的连续性,睡眠不应被打断。

对船员而言,尤其是值班人员,有效睡眠是保证安全航行的重要前提。

二、压力

压力是指当人们去适应由周围环境引起的刺激时,身体或者精神上的生理反应,它可能对人心理和生理健康产生积极或者消极的影响。换句话说,压力是人与所处环境的交互作用。来自于环境压力而引起的生理和心理要求,称为紧张性刺激。这种刺激产生压力或潜在的压力,并直接或间接影响工作效率。

(一)造成压力的原因

在工作环境中造成压力的原因是多种多样的,压力的起因或来源大体分为三方面:工作压力、家庭压力、社会压力。

1.工作压力

工作任务加重,团队成员关系紧张、工作岗位的变更频繁,难以适应,都会造成工作压力加大。长期超负荷工作会对船员的身体健康和心理健康都造成严重影响。

2.家庭压力

船员工作性质的特殊性,家庭生活是否美满和谐对船员的影响较大。这些家庭压力可能来自父母、配偶、子女及亲属等。

3.社会压力

社会对船员职业的认知度不高,会构成对船员的社会压力。

(二)人对压力的反应

人对压力的反应受多种因素(比如身体素质、心理承受力、自我调节能力等)影响,反应的表现形式差异较大。成功适应压力会使人愉快地成长和具有安全感,对以后的压力更具抵抗力;相反,如果不能适应压力,会导致身体损耗、虚弱等与压力有关的疾病,以致不能承受以后遇到的压力。

1.短期反应

生理方面有:头痛、偏头痛、背痛、视力问题、皮肤过敏反应、睡眠紊乱、消化失调、心跳加速、血液胆固醇增加和肾上腺激素及非肾上腺激素含量增加;精神和情绪方面有:对工作不满、焦虑、沮丧、易怒、失落、家中或单位人际关系破裂、酗酒和吸毒、吸烟等不良情绪。

2.长期反应

引发胃及消化器官溃疡、哮喘、糖尿病、关节炎、中风、高血压、心血管疾病和心理疾病。对组织而言,会导致团队成员旷工、不守时、员工流动率高、病假率高和生产效率低下等现象。

(三)压力管理

压力对工作的影响是不容忽视的,压力只能缓解,而不能完全消除。适当的压力对工作会有正面积极的影响,而过大的、超过承受极限的压力会带来消极负面的影响。

为了预防和减少压力对团队成员和组织造成的消极影响,发挥其积极效应,实施适当的压力管理,保持适度的、最佳的压力,有效地减轻团队成员过重的压力,可以提高工作效率。

1.个体层面的压力管理

(1)认知性自我管理技能。指个体通过对自身和压力源的剖析,减轻压力反应的技能,主要包括认知训练、运动和呼吸训练等。认知自己的性格特征、生活习惯和工作状态,聆听自己的压力信号,审视自己对每日生活中面对压力付出的代价,注意可能引起高压力的个人嗜好、特殊生活习惯和工作情况,找出压力来源并积极地减轻压力。

(2)应对性自我管理技巧。指个体在感觉到很大的压力时,如何通过工作和时间的调整,使自身从过分紧张状态恢复到乐观放松心态的技能。良好的时间管理可以做到根据重要和紧急程度合理进行日程安排,从而提高工作效率,从容应对工作压力。

(3)支持性自我管理技能。指个体在面对较大的压力时,通过寻求外部支持性途径排遣压力的技能。如在良师益友间对挫折和不满进行交流和倾诉,在情感上得到共鸣和支持,同时博得建议和鼓励。

(4)保护性自我管理技能。保证充分的睡眠和休息时间、营造舒适放松的生活空间、适当运动等自我管理方式都可以有效地缓解压力。

2.工作层面的压力管理

(1)合理的工作安排。指根据具体工作的重要性和难易程度对任务进行合理的安排,有效的工作安排可以缓解过高的压力。先做不喜欢的工作,然后再做喜欢的工作的整体效率要比先做喜欢的工作,后做不喜欢的工作效率高。合理的时间安排,有效的时间管理可以提高工作效率,可以降低烦琐的工作带来的压力。

(2)自我工作能力提升。个人的能力越强,承受压力能力就越强,越能变压力为动力。正确的人生观和良好的心态,扎实的自身实力可以有效提高对压力的承受力。

(3)组织通过改善工作环境和条件,营造浓厚的文化氛围,切实关心团队成员的生活等措施可以有效提高团队成员的获得感、幸福感,从而减轻压力。

(四)预防压力的措施

(1)清理工作现场,创造一个良好的工作环境。

(2)制订并合理安排工作计划,每完成一项工作,都要让自己感觉到成功,“让成功成为

习惯”。

(3)改变工作节奏,做短时间的中断是值得的。研究表明,人在20min的时间段内工作最有效。休息片刻、闭上眼睛,散散步或做深呼吸都是很好的方式。但尽量不要中断必须完成的一项工作。

(4)掌握好工作、家庭和私人时间之间的平衡关系。

(5)充分利用现代技术来提高工作效率,减少工作量,为自己、家庭和朋友留些时间。

(6)厘清工作责任,做好本职工作,保持合理的工作期望值,使工作更加有趣。

(7)利用经验,采取更有效、更具可操作性的方法。

一般来说,对于压力的管理,应该多从管理层面做工作。做好计划,建立标准的操作程序,保证良好的培训,使组织和团队成员在轻松愉悦的环境中工作。

第四节　人为失误的预防措施

安全是船舶营运的核心要素,是船舶管理的重要内容。人为失误的预防是比较困难的,提高船员安全意识,正确辨别现有失误链及其相关的环节,采取行动阻断失误链,并防止新的失误链的产生;培养船员安全意识,养成安全操作习惯,对团队成员要善意提醒,团队成员要乐于接受他人的检查和监督,形成人人重视安全的安全文化,切实提高情景意识。为从根本上预防和消除人为安全失误,需做好以下四方面工作。

(一)加强船员的安全意识,坚持预防为主的原则

安全意识是一种自觉意识,状况突发时,第一反应会主动自觉地按相关的法律、法规、规章办事。安全意识要通过严格训练和反复灌输才能养成。坚持预防为主的原则,就是要不断地研究和掌握事故发生的规律,提前采取防范措施,把事故消灭在萌芽状态。

(二)改善“人—机—信息—环境”系统,提高系统整体的安全性和可靠性

提高船舶设备、系统的安全性和可靠性。当发生误操作时,系统应给出提示或警报,或有防范误操作的功能;优化人机界面,改善环境因素,从而达到提高系统安全性和可靠性的目的。

(三)培养船员良好的心理素质

船员长期从事水上作业,生活空间狭窄,工作条件特殊,复杂多变的航行条件,意想不到的突发事件,都要求船员具备良好的心理素质。

良好的心理状态能使人心情愉快、精神饱满、头脑清醒,能提高工作效率,较好地处理各种突发事件。船员掌握一定的航海心理学知识,接受相关的心理训练,以提高船员在实际工作中的心理承受能力和心理调节能力。

(四)强化团队协作

影响船舶安全航行的条件复杂,因素众多。如何最大限度地保证团队成员之间取长补短、协调配合,以强化团队作用,是确保船舶安全必须要深入研究的重要课题。

课后练习

1.机舱资源管理中情景意识的培养，________是情景意识培养的基础。

A.良好工作态度的形成

B.轮机知识的积累

C.加强轮机管理的关联研究

D.重视注意力的分配

2.机舱资源管理中情景意识的培养主要包括________。

①轮机知识的积累是情景意识培养的基础

②加强轮机管理的关联研究是培养情景意识的关键

③良好工作态度的形成是培养情景意识的保证

④重视注意力的分配是情景意识培养的重要环节

⑤做好轮机管理中特殊情景的预想是培养情景意识的助推器

⑥加强对轮机管理案例的学习研究是情景意识培养的捷径

A.②③　　B.①②④⑤　　C.①③④⑤　　D.全部

3.机舱资源管理中情景意识的培养，说法错误的是________。

A.轮机知识的积累是情景意识培养的基础

B.加强轮机管理的关联研究是培养情景意识的关键

C.重视注意力的分配是情景意识培养的重要环节

D.做好轮机管理中特殊情景的预想是培养情景意识的捷径

4.表明失误链形成的主要迹象有________。

Ⅰ.不确定性；　　Ⅱ.注意力分散；

Ⅲ.感知不全面或混乱；　　Ⅳ.通信中断

A.Ⅰ+Ⅱ+Ⅲ　　B.Ⅱ+Ⅲ+Ⅳ　　C.Ⅰ+Ⅱ +Ⅳ　　D.Ⅰ+Ⅱ+Ⅲ+Ⅳ

5.注意力分散可由下列因素造成________。

Ⅰ.领导与管理的失误；　　Ⅱ.超负荷工作；

Ⅲ.压力/疲劳；　　Ⅳ.通信中断

A.Ⅰ+Ⅱ+Ⅲ　　B.Ⅱ+Ⅲ+Ⅳ　　C.Ⅰ+Ⅱ +Ⅳ　　D.Ⅰ+Ⅱ+Ⅲ+Ⅳ

6.注意力分散可由下列________因素造成。

Ⅰ.紧急情况；　　Ⅱ.注意力不集中；

Ⅲ.经验不足；　　Ⅳ.自满

A.Ⅰ+Ⅱ+Ⅲ　　B.Ⅱ+Ⅲ+Ⅳ　　C.Ⅰ+Ⅱ +Ⅳ　　D.Ⅰ+Ⅱ+Ⅲ+Ⅳ

7.人为过失的种类主要包括________。

Ⅰ.基于知识的错误；　　Ⅱ.基于法规的错误；

Ⅲ.基于技能的错误；　　Ⅳ.文化制约

A.Ⅰ+Ⅱ+Ⅲ　　B.Ⅱ+Ⅲ+Ⅳ　　C.Ⅰ+Ⅲ+Ⅳ　　D.Ⅰ+Ⅱ+Ⅲ+Ⅳ

8.人为过失中基于知识的错误主要是指________。

Ⅰ.由于无知而犯错；　　Ⅱ.由于无知而自负；

Ⅲ.明知有误仍固执己见；　　　　Ⅳ.有关原则的理解错误

A.Ⅰ+Ⅱ+Ⅲ　　B.Ⅱ+Ⅲ+Ⅳ　　C.Ⅰ+Ⅱ +Ⅳ　　D.Ⅰ+Ⅱ+Ⅲ+Ⅳ

9.人为过失中的疏忽和失误主要包括________。

Ⅰ.注意力分散和偏见；　　　　Ⅱ.正常可预见环境的变化；

Ⅲ.压力和疲劳；　　　　Ⅳ.动力系统故障

A.Ⅰ+Ⅱ+Ⅲ　　B.Ⅱ+Ⅲ+Ⅳ　　C.Ⅰ+Ⅱ +Ⅳ　　D.Ⅰ+Ⅱ+Ⅲ+Ⅳ

10.过失链的产生是________的，但必须采用中断点来阻断过失链，从而避免事故的发生。

A.可以避免　　B.难以避免　　C.有时会发生　　D.不一定

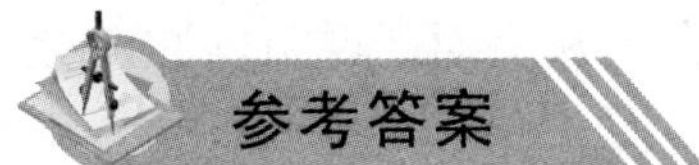

参考答案

1.B；　2.D；　3.D；　4.D；　5.A；

6.A；　7.D；　8.C；　9.A；　10.B

第五章　计划的编制与实施

第一节　计划职能简述

一、计划的含义及内容

（一）计划的含义

《孙子兵法》中《玉篇·言部》："计，会也，筭（jī）也，课（谋）也。"从字面上说"计"也就是算账、计算、商议的意思；而"划"则是用石刀刻画下来的意思。

在管理学中，计划具有两重含义。从广义来讲，计划可以泛指计划工作或计划职能，是指根据对组织外部环境与内部条件的分析，提出在未来一定时期内要达到的组织目标以及实现目标的方案途径。从狭义来讲，计划是一种管理文件，是指组织在未来一定时期中，用文字和指标等具体形式表达的，关于组织成员的行动方针、行动目标、行动内容及行动安排的管理文件。

（二）计划的作用

计划是为实施决策和实现目标服务的。计划是管理活动的龙头，是组织、指挥、协调、控制等各项管理活动的基础，贯穿于组织系统的各个方面，贯穿于组织活动的全部过程。

（三）计划编制的过程

计划的编制本身也是一个过程。为了保证编制的计划合理性，确保能实现决策的组织落实，计划编制过程中一般有以下几个步骤。

（1）估量机会。

（2）确定目标。

（3）确定前提条件。

（4）拟订可供选择的方案。

（5）评价各种备选方案。

（6）选择方案。

（7）拟订派生计划。

（8）编制预算计划。

（四）计划的主要内容

计划必须清楚、准确地描述包含"5W2H"要素。

（1）What——做什么（目标与内容）。

（2）Why——为什么做（原因）。

（3）Who——谁去做（人员）。

(4) Where——何地做(地点)。

(5) When——何时做(时间)。

(6) How——怎样做(方式、手段)。

(7) How much——需多大代价(预算成本)。

二、计划的实施

计划编制完成后,就要把计划所确定的目标任务在时间和空间两个维度展开,把目标和任务分解落实到具体的组织和个人,确定在计划期内何时、何地、何人、该做何事,应达到什么要求,这个过程就是计划的组织实施过程。常见的计划实施管理模式主要有两种:目标管理模式和 PDCA 循环模式。

(一)目标管理

目标管理是指在计划内,组织以目标作为一切管理活动的出发点、归宿点和手段。它要求把组织的总目标分解为下属单位与成员的分目标。一切活动的进行以目标为导向,活动的结果用目标来评价,管理者通过目标—责任链对下级进行领导,并以此来保证组织总目标的实现。

目标管理的程序一般包括三个阶段,即目标的制定与展开、目标的组织与实施、成果的实施与考核。

第一阶段,目标的制定与展开。

组织目标的制定是目标管理的中心内容。一般应由组织的领导决策层首先制定出组织的总体目标,然后由组织下属各单位依据组织总目标制定出分目标,再由组织各成员依据单位分目标制定出个人目标。在目标制定过程中,首先,要求分目标必须保证总目标的实现,个人目标必须保证组织目标的实现。其次,要求在上、下级之间进行目标协商,各部门之间的目标要相互协调配合。组织对整个目标体系要进行综合平衡。组织的总体目标这种从上到下、层层分解、逐级落实的过程,叫作目标展开。在目标展开的过程中,除了必须做好目标分解工作,还要抓好目标责任的落实。以航运企业为例,在企业目标确定之后,首先要把企业总目标逐级分解为各部门、船队、船舶、船舶部门、部门成员等各个层次的分目标,构成企业目标体系。同时,也将目标责任逐级分解落实到各部门、船队、船舶、船舶部门、部门成员等,形成企业目标责任体系。整个企业的目标责任体系,则通过"目标—责任链"这条纽带把它们有机连接起来。

第二阶段,目标的组织与实施。

如前所述,当计划的目标任务确定后,还需要把目标和任务分解落实到具体的组织和个人,"自我控制"是落实目标任务的有效途径。

"自我控制"就是组织的下属机构和全体员工都按照自己单位和个人所承担的目标责任,在实现目标的过程中,充分发挥主动性和积极性,进行自主管理,即不断进行自我分析、自我检查、自找差距、自我激励、自我完善。上级的管理则主要表现在指导、协助、授权、提供信息、提出问题、创造条件、纵横协调及改善环境等工作。

第三阶段,成果的检查与考核。

为了保证目标的实现,对目标实施的全过程必须进行控制和检查,从中发现差异,查清原因,以便及时采取措施,纠正偏差。若发现预定目标与实际情况不符,或因不可抗拒的原因造成无法实现预定目标,则应对原定目标进行调整修改。

在对目标实施过程进行检查、控制的同时,还应对检查结果做出评价和考核,实施奖励和惩罚。

(二)PDCA 循环管理

PDCA 循环又叫戴明环,由英语单词 Plan、Do、Check 和 Action 的第一个字母的缩写而成。PDCA 循环就是按照这样的顺序进行质量管理,并且不断循环的管理流程。被美国质量管理专家戴明博士运用于持续改善产品质量的过程,是管理学的一个通用模型。

P (Plan)计划,包括方针和目标的确定,以及活动规划的制定。

D (Do)执行,根据已知的信息,设计具体的方法、方案和计划布局;再根据设计和布局,进行具体运作,实现计划中的内容。

C (Check)检查,总结执行计划的结果,明确效果,找出问题。

A (Action)纠正,对结果进行检查。一方面,对成功的经验加以肯定、总结并予以标准化,进一步推广执行;另一方面,对于失败、没有解决的问题,提交给下一个 PDCA 循环中去解决。

四个阶段构成一个循环,一个循环完了,解决一些问题,未解决的问题进入下一个循环,周而复始、无穷无尽的进行。

PDCA 循环是全面质量管理(Total Quality Control,简称 TQC)所应遵循的科学程序。全面质量管理活动的全部过程,就是质量计划的制订和组织实现的过程,这个过程就是按照 PDCA 循环,不停顿地周而复始地运转的。PDCA 循环不仅在质量管理体系中运用,也适用于一切循序渐进的管理工作。

1."PDCA"循环的三大特征

(1)"PDCA"循环是大循环套小循环的循环。"PDCA"循环是大循环套小循环,小循环推动大循环,一环扣一环的综合体系如图 5-1 和图 5-2 所示。

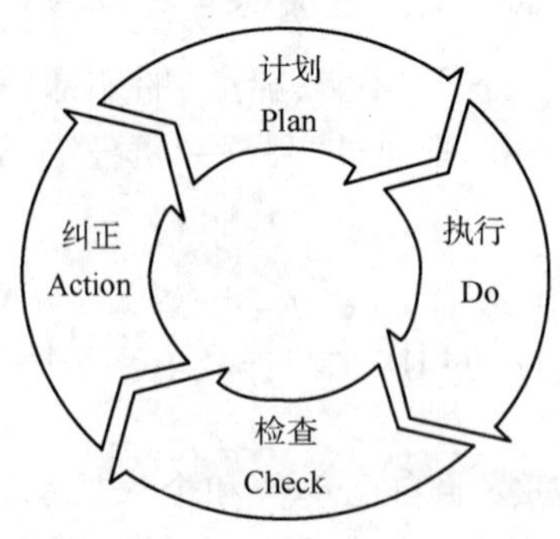

图 5-1 PDCA 循环图

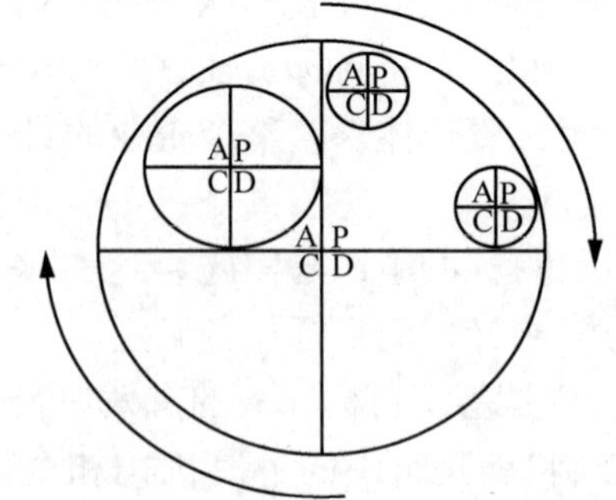

图 5-2 PDCA 大循环套小循环

(2)"PDCA"循环每循环一次,就提高一步。"PDCA"循环不是原有水平的重复,而是螺旋式的上升并阶梯式进步,每循环一次,就改进一次如图 5-3 所示。

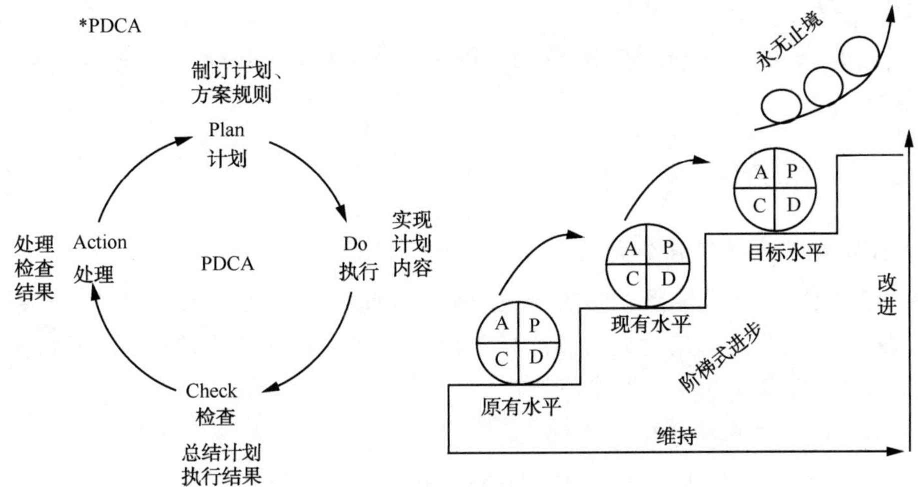

图 5-3　PDCA 循环螺旋上升

(3)“PDCA”循环是综合性的开放式循环。在循环过程中,不断适应新情况,发现并解决新问题,是一个开放式循环。

“PDCA”循环体现了计划管理过程是一个从实践到认识,再从认识回到实践,并且不断地通过再认识,再实践,从而使主观认识和客观实际逐步趋于统一的事物发展过程,这正是辩证唯物主义的认识论和方法论在计划管理工作中的具体应用。

2.“PDCA”循环运转的四个阶段八个步骤

“PDCA”循环的运转程序一般要经历四个阶段八个步骤。

(1)计划制订阶段(P)。编制组织计划可分为四个步骤:

第一步,对组织现状进行分析,找出组织营运中存在的主要问题。

第二步,对组织存在问题的产生原因和影响因素进行分析。

第三步,从影响组织活动的各种可控因素中找出主要因素,以便抓住主要矛盾,解决主要问题。

第四步,针对组织存在的主要矛盾和问题及其产生的主要原因制定出组织计划和对策措施。

(2)计划实施阶段(D)。这一阶段就是按照计划的要求,切实执行计划,努力实现目标,这是第五步。

(3)计划检查阶段(C)。检查,就是把执行计划的结果与计划预期的目标进行对比,对实施计划的效果进行考核与评价。这是第六步。

(4)计划处理阶段(A)。处理,就是在计划执行完毕之后的善后阶段。这一阶段包含两个步骤:

第七步,总结经验,汲取教训,巩固成绩,处理问题。这项工作主要通过发动全体员工,上下齐心,共同完成。

第八步,修订计划,克服偏差,协调平衡,以利再战。修订计划可采用滚动调节计划的方法,使组织计划更适合新的环境变化的要求,更切实可行。

第二节　轮机部日常维修保养计划的编制与实施

一、船舶日常维修保养定义、原则及分类

（一）船舶日常维修保养的定义

船舶日常维修保养：指船舶在两次计划厂修间隔期内，为确保船舶处于良好的技术状态和适航状态，由船员或以船员为主对船舶各类设备进行日常维护或排除各种故障所做的工作，是船舶保持正常技术状态的基本方法。

（二）日常维修保养应遵循的原则

(1)安全第一，预防为主，养修并重，勤俭节约的原则。

(2)机务部门监督，轮机部实施的原则。

(3)日常保养和停航检修相结合的原则。

（三）日常维修保养工作的分类

船舶日常维修保养工作计划是船舶工作的纲领性文件，在船舶工作中占有举足轻重的作用，其分类方法很多，通常分为"船舶和设备月度维护与保养计划"（以下简称"月度维保计划"）和"船舶和设备年度维护与保养计划"（以下简称"年度维保计划"）。

中远集团船舶维修保养体系（以下简称"CWBT"）将船舶日常维修保养工作计划分为：日保养、月度保养、季度保养、年度保养。日保养每天进行；月度保养以月度为周期进行保养；季度保养按主机运转小时进行；年度保养按主机运转小时或一年进行一次。

二、日常维修保养的主要内容

(1)船舶日常维修保养内容和计划的确定，应依据 CWBT 思想和原则，并借鉴和引用 CWBT 管理技术中"四段八步"维修制及与之相对应的维修周期概念。日保养、月度保养沿用 CWBT 管理技术中 A、B、C 级保养的表格管理形式，停航检修则按船舶技术状况并主要针对 D、E、F 级保养要求编制维修计划如表 5-1 所示。

船舶日常维修保养计划表　　表 5-1

<table>
<tr><td>维修级别</td><td>A</td><td>B</td><td>C</td><td>D</td><td>E</td><td>F</td><td>G</td><td>H</td></tr>
<tr><td>定期制周期</td><td>日常</td><td>周</td><td>月</td><td>季</td><td>六月</td><td>一年</td><td>二年(二年半)</td><td>五年</td></tr>
<tr><td>定时制周期
(h)</td><td></td><td></td><td></td><td>1500</td><td>3000</td><td>6000</td><td>12000</td><td>24000</td></tr>
<tr><td>保养形式</td><td colspan="3">常规检查</td><td colspan="2">主要部件维修</td><td colspan="2">拆检</td><td>拆检/特/循检</td></tr>
</table>

(2)日保养。以制定日保养工作计划表形式进行（A、B 级维修保养）。其主要内容是搞好船舶环境和设备的清洁卫生，对设备进行检查并排除"三漏"（水、油、气），检查蓄电池及

电解液密度，检查润滑油柜和发动机及齿轮箱等的润滑油位、膨胀水箱冷却水位等。

(3)月度保养。以制定月度保养工作计划表形式进行(C、D级维修保养)。其主要内容是：检查窗、门、盖等水密或风雨密性能；清洗或更换燃油、润滑油滤器及空气滤清器；检查主机等设备润滑油质量；对各设备按规定加注润滑油等。风油切断、火灾报警、集中监控常规检查；检查液压舵机管路密封性能、油质；检查泵密封、尾轴油/水封密封性等；其他必要的维护保养工作。

(4)季度保养。计划检修项目由船舶负责编制(D、E级维修保养)，报批后执行。其主要内容是：检查轴系、管系；拆检主、副机、电气设备或更换部件；检查舵系统及其他航行设备；其他必要的检修。

(5)年度检修。计划检修项目由船舶负责编制(E、F级维修保养)，报批后执行。其主要内容是：甲板机械；主、辅机等设备的检修保养(按其"保养手册"执行)；其他项目参照季度检修项目执行。

三、"月度维保计划"和"年度维保计划"的编制

(一)编制依据

(1)船舶法定检验和船级检验规程。

(2)船舶和设备年度维保计划大纲。

(3)《船舶维护手册》的要求。

(4)本船设备说明书的要求和实际的技术状况。

(5)《老旧运输船舶管理规定》的有关要求。

(6)船舶修理计划。

(二)主要内容

(1)设备特别检验、年度检验项目及对设备工况的要求。

(2)设备拆检、测量及检查的要求。

(3)设备附属部分的部件检查。

(4)设备安全及报警系统的试验。

四、维修保养计划的实施

(一)船舶维修保养计划的实施步骤

一般而言，船舶维修保养计划的实施步骤如下。

(1)根据计划大纲，确定保养项目和周期。公司根据船舶和设备情况，考虑适用的国际公约、船旗国和港口国的强制性规则的要求、船级社规范、制造厂商的要求，确定年度维保计划表中的项目和保养周期。

(2)年度、月度计划的编制。轮机长要根据船舶设备的实际情况及设备说明书规定的养护要求，编制《船舶和设备年度维护保养计划》如表5-2所示，并于每年11月底前提交公司机务主管。

《船舶和设备年度维护保养计划》(样表)　　　　表 5-2

船舶和设备年度维护保养计划　　　　RSP1001B

年度　船舶部门：

项目序号	维修保养项目	维修保养内容	预检周期	月　份												检修	备注
				1	2	3	4	5	6	7	8	9	10	11	12	负责人	

部门长　　　　船长　　　　机务部

(3)年度计划的审批。机务主管对《轮机部年度预防检修计划表》进行审批,于 12 月底前送船实施。

(4)细分成月度维保计划。轮机长根据已编制批准的年度计划,生成月度维保计划。

(5)月度计划分解到主管轮机员。轮机长要将每月的维修保养项目分解到设备主管人员,并明确指出维修保养的内容、要求及试验验收的规定。

(6)结合船舶动态,形成航次工作计划。

(7)每月轮机部将月度维保计划执行实施情况相关记录表格反馈到机务主管。

(二)船舶维修保养工作实施过程中的注意事项

(1)定人员。按机舱各设备分工,落实到人。

(2)定时间。机舱各设备要确定维修保养周期,定期检修保养。

(3)定项目。在每一周期内,要制定具体的维修保养项目。

(4)定质量。按各设备维修保养质量要求,检查验收。

(5)延期项目尽量在一个月度之内完成,并做好备案。

(6)执行循环检验的应保留好维保记录、证据以供船检认可。

(7)设备检修后各种测量记录要按规定填写,由轮机长签字认可后按规定报送。

第三节　轮机部物料的申请、接收和保管

一、物料的申请

为满足船舶设备的需要,保障船舶安全营运,并减少损失,降低消耗,船舶物料的申请和管理工作是非常重要的。

船舶负责船舶物料的申领、保管和使用,并对所领物料的耗存及使用情况及时反馈给公司机务部。机务部负责对船舶物料制定消耗定额,对船舶物料申领单进行审批,并联系供应商进行物料供应和对所供物料的质量、规格、数量及使用耗存情况进行统筹和监控。

一般而言,船舶物料的申请流程如下;

(1)各船舶根据实际情况和航行特点的需要,按照船舶物料的消耗定额规定要求,提前一个航次或一定时间填写好《船舶物料申领/发放单》报送公司机务部主管。

(2)公司机务部主管接到船舶报送的物料申领/发放单后,认真审核,按照该轮的消耗定额和船存数量核对申领/发放单进行审批,优选供应商,并将此审批的申领/发放单转交一份给供应商要求按标准供货,若该供应商有不能供应申领/发放单上的物料时,主管人员应立即联系其他供应商或视情修正申请单。

(3)物料供船前,主管人员应按有效物料申领/发放单审查物料的质量、规格、数量等,确保未经检验的物料不供应上船。

(4)物料上船后,船方按清单清点物料的数量,检查质量、规格,如发现质量、数量、规格与要求不符时,应立即通知主管人员联系供应商提出更换、退货或补偿。

(5)物料供应后要妥善保管,在使用过程中,及时向机务部反馈船舶物料质量,并保留好客观证据,以备调查核实。

(6)机务部主管人员对船舶反馈的质量问题进行调查分析和研究,并制定出处理措施,应及时给船舶答复,并要求供应商给予赔偿。

(7)船舶应建立物料消耗台账,记录船舶日常物料消耗。每个季度末,清查物料的耗存和使用情况,并按要求填写好船存物料清单上报机务部。

(8)机务部主管应定期到船上检查船存和消耗使用情况,做到实物、消耗和报表相一致。

(9)船舶如有急需物料在国外申请购买时,应填写船舶备件/物料外购申请单报公司机

务部批准后，方可购买；如在国内自行购买物料，应先征得机务部同意后方可购买，并将申购的物料明细表报送到公司机务部。

二、船舶物料的保管与使用

(1)所有送船的物料在入库前，轮机长必须安排专人进行清点、质量检查，仔细核对其规格、型号等是否与签收单相符，尤其是生产物料是否能满足正常使用。

(2)物料签收单必须由轮机长核对无误后签字盖章，一式两份，一份留船归档，一份由送货人交公司作为付款凭证。

(3)质量有问题的、规格型号错误影响使用的，必须作退货处理，并在签收单中加注批注。

(4)船舶接收物料后，必须在一周内向公司提供物料质量反馈信息，其方式可以随船舶的正午报告一起发送至机务部。

(5)由于船方主管人员未尽检查验收之责任，或发现有问题隐瞒不报的，一经查实，公司将追究相关人员的责任，并根据情节给予经济处罚。

(6)船舶任何人不得利用职务之便向供应商索取礼品、回扣或故意刁难、无故拒收拒签等。

(7)轮机部机匠长为本部门的物料保管责任人，负有定期盘点、库房整理、生产物料的养护、填制物料消耗报表及提出本部门物料的申请计划送轮机长审核等责任。

(8)高值非易耗品物料，必须以旧换新，在接收物料时退还公司处理，并由接收人签字确认船用物料签收单。

(9)专用工具和常用工具必须建立工具卡，并列入船员交接清单。

(10)生产物料应定期养护，避免受腐蚀、氧化或意外损坏。

(11)可修复或能重复使用的生产物料，应通过自修、保养或由机务主管安排送陆上修理后恢复使用。

(12)船舶物料每季度末应定期进行盘点、消耗和存量统计，填报“船舶物料季度消耗报表”由轮机长审核签字后随下季度物料申请单交(寄)公司机务部。

(13)船舶物料不得私分、变卖。

(14)生活物料应严格按定公司规定的定额在月初发放，严禁利用职务之便在相关人员公休时突击发放、超额发放。

(15)油漆、化学品的存放应按照防火防爆的要求存放在专门的位置，同时避免受潮、变质，在保质期前使用完毕。

(16)船舶在特殊情况下，船长可安排在国内港口自购物料，但原则上不得超过公司规定额度，否则必须得到机务主管的同意。所有自购物料必须有正式发票。

(17)船舶废旧物料的处理。

①船舶的废旧物料包括：旧钢丝、废油品、油渣、包装油桶、垫舱料、报废的机器、设备、报废的盖舱帆布及绑扎器材等。

②船舶的废旧物料归公司，任何人不得擅自处理。

③有价值的废旧物料船上应集中收存，并在季度物料报表中注明。根据其存量提请公

司在合适的地点处理。如船舶存放困难,或由此给船舶的日常经营生产带来不便,在取得公司机务部门意见后方可处理。

三、船舶物料的种类及国际海事采购协会(International Marine Purchasing Association,简称"IMPA")物料手册

(一)船舶物料的种类

(1)燃润料及水。包括各种燃油、润滑油、润滑脂和蒸馏水。

(2)黑白金属。包括各种型钢、钢板、无缝钢管、有缝钢管、镀锌钢管、优质碳素钢材、合金钢材等。

(3)有色金属。包括有色金属原材及合金、紫铜材、黄铜材、青铜材和铅、铝、锌材等。

(4)金属制品。包括各种阀门、管接头、螺栓、垫圈、开口销、焊接材料和其他金属制品等。

(5)化学品。各种化学原料、试剂、油漆、清洁剂等。

(6)电工材料。

(7)各种工具。

(8)仪器仪表。

(9)安全设备、劳保用品。

(10)垫料、橡胶及纤维品。

(11)各种杂品。

(二)IMPA 物料手册分类(节选)(表 5-3)

IMPA 物料手册分类(节选)　　表 5-3

IMPA MARINE STORES GUIDE (FOURTH EDITION)	
11 Welfare Items	船员后勤、娱乐用品
15 Cloth & Linen Products	亚麻布类
17 Tableware & Galley Utensils	厨房用品
19 Clothing	衣类
21 Rope & Hawsers	绳子和钢缆
23 Rigging Equipment & General Deck Items	装配、索具类、甲板消耗品
25 Marine Paint	船舶油漆
27 Painting Equipment	涂装用器具类
31 Safety ProtectⅣe Gear	安全防护用品
33 Safety Equipment	救生救难用具、灭火器类
35 Hose & Couplings	管件、连接器
37 Nautical Equipment	航海器具类

续上表

IMPA MARINE STORES GUIDE（FOURTH EDITION）	
39 Medicine	卫生、医药品类
45 Petroleum Products	石油制品类
47 Stationery	文具类
49 Hardware	五金制品类
51 Brushes & Mats	刷子、垫子类
53 Lavatory Equipment	洗手间用具
55 Cleaning Material & Chemicals	洗涤、化学制品类
59 Pneumatics & Electrical Tools	风动、电动工具
61 Hand Tools	一般作业工具类
63 Cutting Tools	切削工具
65 Measuring Tools	测量工具
67 Metal Sheets, Bars, etc…	金属板、钢筋类
69 Screws & Nuts	螺钉、螺母类
71 Pipes & Tubes	管类
73 Pipe & Tube Fittings	管接头类
75 Valves & Cocks	阀、旋塞类
77 Bearings	轴承类
79 Electrical Equipment	电器设备
81 Packing & Jointing	接口密封用品
85 Welding Equipment	焊接设备

第四节　轮机部备件的申请、接收和保管

船舶备件是指船舶为主推进动力装置、辅助装置、船舶电站及系统以及各类管系等更新、替换所储备的部件、配件和零件。

备件应有完整的出入库登记。轮机员根据主管设备的备件库存情况，定期填报备件申请单，轮机长对备件申请单把关，签署后报公司技术部，并对备件的管理进行检查和指导。

一、备件申请

各主要设备的备件存量应保持船级社的最低要求。

备件的《船舶备件申请/发放单》样表如表5-4所示。根据备件定额、船存数量、设备实际状况、维修保养计划和消耗规律，由主管轮机员提出，经轮机长审核汇总，船长签署后

于上年度11月底前,上报公司技术部审定。原则上一年中备件计划申购次数不应超过2次。

《船舶备件申请/发放单》样表　　表5-4

船舶备件申领/发放单

船舶　　□甲板部　　□轮机部　　申领日期:　　年　　月　　日

序号	备件名称	图纸号/备件号	单位	船存数量	申领数量	备注	审批数量

第　　页　　共　　页　　填表:　　大副/轮机长:

备件申领原则上按季度计划进行,填写使用公司标准格式的"船舶备件申请单"。

申请不同机型的备件分别填写申请单,不可一单多用。

申请单由轮机长及船长签字并盖船章。如有特殊要求则填报在备注栏内。申请单一式二份,一份留船,一份交公司技术部。

填写备件申请单时,应该详实清楚填写所申购备件所属设备的船名、机型、机号、制造厂家、备件名称、备件号、图号或规格、申请数量、船存数量。

申购无法辨别的部件,要尽可能附带样本绘图或其他有用资料。应特别注意备件改型后是否可以通用。

部分备件属通用件,如各类阀门、温度表、液压软管、膨胀接头、泵的轴封、压力表、真空表、舱门胶条、液压无缝钢管、各种滤器等,应尽可能提供实际尺寸,以便市场采购或按样加工。

二、备件接收

当接到公司通知,将有备件安排在外港交船时,船长及轮机长到港后要主动联系有关代理,避免漏交。

每次收到备件时,轮机长应立即按签收单或装箱单核对来货。核查备件质量、数量,检查有关证书、说明书、图纸资料等是否齐全,备件规格是否正确;如发现所订备件的数量和规格不符或质量不符合要求的备件应及时报告技术部,同时填写“船舶备件物料质量信息反馈表”报技术部,以便公司安排补供和索赔,船舶管理部门与供应商联系处理。原则上切勿尝试自行加工改装。

船上收到备件后,应及时电告技术部,如果没有收到,离港后应立即电告公司,以便及时处理。

船舶应及时将“备件供船签收单”原件寄到船舶管理部门,复印件留船存档。

三、备件的保管

(1)备件的存放必须摆放整齐有序、新旧分开,按其使用场所和用途分门别类、挂牌标识,标注其适用机型、配件名称、规格和编号等。

(2)各种大型、重型、精密的备件应妥善放置,做好衬垫、绑扎工作,防止翻倒、振动、碰撞。

(3)库存备件应设进出库登记本并详实记录。

(4)根据备件保存的要求,定期进行清洁保养,防止锈蚀变质、变形,使各种备件随时处于可用状态。

(5)非正常损坏的备件,应尽可能原样保存好,以便日后分析其损坏的原因,避免重复损坏。

(6)尚可使用的旧件也应登记入册,应尽量修复留作备用,并做好标注,注明规格和成色,若经加工,则应填注加工后的尺寸。

四、船上库存备件的配备要求

(一)对船上库存备件的数量可考虑下列因素

(1)满足船级社的备件要求。

(2)保证船舶安全航行。

(3)适应船舶备件的消耗情况。

(4)充分估计备件供船周期。

(5)考虑到船舶因机损会影响正常航行,重要设备的主要部件要配备足够的备件。

(二)法规对备件数量的基本要求(表5-5~表5-11)

主柴油机备件表 表5-5

项　　目	备件名称	备件数量
主轴承	每种尺寸和型式的主轴承或1个轴承的轴瓦。包括所有垫片、螺栓和螺母总成	1
主推力轴承	单环式推力轴承的推力块或滚柱推力轴承的内外座圈	1套
气缸套	气缸套,包括密封环和垫圈总成	1
气缸盖	气缸盖,包括阀、密封环和垫片总成,对无缸盖的机器,1个缸组的各种阀	1

续上表

项　　目	备 件 名 称	备件数量
气缸阀	1个缸的气缸盖所需的螺栓及螺母	1/2套
	1个缸的排气阀,包括阀套、阀座、弹簧和其他附件总成	2套
	1个缸的进气阀,包括阀套、阀座、弹簧和其他附件总成	1套
	启动空气阀,包括阀套、阀座、弹簧和其他附件总成	1
	安全阀总成	1
	1台机器的每种尺寸和型式的燃油阀,包括所有附件总成 注:每个缸有3只或多只燃油阀时,每个气缸各备2只燃油阀和1套除阀体以外有足够数量的阀零件	1套
	1个缸的每种尺寸和型式的下端轴承或轴瓦,包括垫片、螺栓和螺母总成	1套
	1个缸的每种尺寸和型式的上端轴承或轴瓦,包括垫片、螺栓和螺母总成	1套
连杆轴承	十字头式:每种型式的活塞,包括活塞杆、填料函、刮油环、活塞环、螺柱和螺母总成	1
活塞	筒形活塞环: 每种型式的活塞,包括刮油环、活塞环、螺柱、螺母、活塞销和连杆总成	1
活塞环	1个缸的活塞环	1套
活塞冷却	1个缸组的套管式冷却管和附件,或与其等效的装置	1套
凸轮轴传动齿轮及链环		由船东决定
气缸注油器	链轮或齿轮传动的最大尺寸注油器总成	1
喷油泵	喷油泵总成或当在海上能够更换时,1台泵工作部件的组合件(柱塞、柱塞套、阀、弹簧等)	1
喷油管	每种尺寸和形状的高压燃油管,包括接头总成	1
扫气鼓风机	转子、转子轴、轴承、喷嘴环、齿轮或其他型式的相应工作部件(包括涡轮,注:如1台鼓风机发生故障,机器仍能保持船舶操纵所要求的功率时,则备件可省增压器)	1套
扫气系统	每种型式1台泵的进排气阀	
减速和/或倒车齿轮	齿轮箱中每种尺寸的轴承衬套	1套
	齿轮箱中每种尺寸的滚柱或滚珠座圈	1套
主机带动空气压缩机	每种尺寸的活塞环	1套
	每种尺寸的进、排气阀总成	1/2套

辅柴油机备件表 表5-6

项　目	备件名称	备件数量
主轴承	每种尺寸和型式的主轴承或1个轴承的轴瓦。包括垫片、螺栓和螺母总成	1
气缸阀	1个缸的排气阀,包括阀套、阀座、弹簧和其他附件总成	2套
	1个缸的进气阀,包括阀套、阀座、弹簧和其他附件总成	1套
	启动空气阀,包括阀套、阀座、弹簧和其他附件总成	1
	安全阀总成	1
	1台机的每种尺寸和型式的燃油阀,包括所有附件总成	1/2套
连杆轴承	1个缸的每种尺寸和型式的下端轴承或轴瓦,包括垫片、螺栓和螺母总成	1套
	筒形活塞式:1个曲拐的带有衬套的活塞销	1套
活塞环	1个缸的活塞环	1套
活塞冷却	1个缸组的活塞冷却附件	1套
喷油泵	喷油泵总成或当在海上能够更换时,1台泵工作部件的组合件(柱塞、柱塞套、阀、弹簧等)	1
喷油管	每种尺寸和形状的高压燃油管,包括接头总成	1

主辅汽轮机备件表 表5-7

项　目	备件名称	备件数量
主轴承	1台机的转子轴,小齿轮轴和大齿轮轴的每种尺寸和型式的轴承衬套	1
汽轮机推力轴承	单环推力每种尺寸的单面推力块,或1台机的每种尺寸可调轴承环,包括相配的衬套(如安装时)	1套
主推力块	单环推力轴承的单面推力块,或滚珠推力轴承内、外座圈	1套
汽轮机轴密封环	1台机每种尺寸和型式的密封装置的包括弹簧的炭精密封环(如安装有时)	1套
滤油器	每种尺寸和型式的可清理的滤器元件	1套

独立驱动的空气压缩机备件 表5-8

项　目	备件名称	备件数量
活塞环	1个活塞的每种尺寸的活塞环	1套
阀组	每种尺寸的吸气阀和排气阀总成	1/2套

主锅炉和重要用途辅锅炉备件 表5-9

项　目	备件名称	备件数量
管盖和管塞	锅炉烟管、过滤器管和经济器管用每种尺寸的管盖和管塞	10
燃烧器	1个锅炉燃烧器的易损件	1套
	圆形玻璃水位表	4套
	平板形玻璃水位表	2套
安全阀	每种尺寸弹簧	1套

泵的备件　　表 5-10

项　　目	备件名称	备件数量
往复泵	每种尺寸的阀，包括阀座和弹簧	1 套
	1 个活塞的每种尺寸和型式的活塞环	1 套
离心泵	每种尺寸和型式的轴承	1
	每种尺寸和型式的旋转密封装置	1
齿轮泵、螺杆泵	每种尺寸和型式的轴承	1
	每种尺寸和型式的旋转密封装置	1

轴系备件　　表 5-11

项　　目	备件名称	备件数量
联轴器螺栓	对抽出的螺旋桨轴需要拆除的联轴器螺栓和螺母	1 套

第五节　轮机部加装燃油、润滑油流程

一、加装燃料、润料的一般规定

(1)轮机长为加装燃油、润滑油工作的总负责人，任何加油的文件、单据、油样应交轮机长本人签署，并予以确认。

(2)船长应将加油港口的有关防污染规定及加油要求，及时通知轮机长；轮机长在每次加油时，要认真监督检查装油操作和所采取的防污染措施。

(3)大管轮、二管轮为加装燃油、润滑油工作的主要责任者，应按规定的作业计划制订适合本船的燃油、润滑油加装作业计划，经轮机长、船长审核后悬挂于加装现场并具体实施。

(4)值班驾驶员要督促水手做好在整个加油过程中供油船的系缆安全，注意来往船舶的走向和船速。并根据港口规定，在本船悬挂“B”旗和“慢车”信号旗，夜晚亮“红”灯。

(5)若夜晚加油时，必须增加值班人员和准备充足的照明设备。

二、加装前准备工作

(1)得到港口当局的批准。

(2)二管轮负责测量各油舱(柜)的存油量，抽空燃油溢油柜的存油。

(3)轮机长应和大副商定落实加装的油舱及各舱添加量，以配合装货和水尺调整，并下达给主管轮机员执行。

(4)主管轮机员应熟知轮机长的指示，并根据作业计划的要求和轮机长指示内容，布置操作人员具体分工，并使他们熟悉加油系统的溢油管、空气管、溢油柜、测深管的位置和加油计划的详细过程。注意在制订装油计划时，应预先计算好所加油舱的装油量，安排好加油舱柜的加油数量和加装的先后顺序，并留有合适的空当，先受油的油舱空当一般为总舱容的10%为宜，而最后受油舱的空当应在 20%左右。

(5)制订溢油应急计划,并确认发生意外时,供、受油双方各采取的应急措施。为预防意外,应备好应急工具和应急物品,如空桶、吸油材料、化学消油剂、锯末、棉纱、破布等。

(6)寒冷天气受油,应提前对受油舱加温,防止已进舱的燃油因流动性差而影响测量,发生跑、冒油现象。

(7)通知大副安排甲板部人员堵好甲板疏水孔。

(8)主管轮机员负责检查并安排人员打开受油舱柜的甲板透气管活瓣和堵好集油槽放残孔,无集油槽的,应在透气管下方放置盛油器皿和备妥一定数量的木屑、棉纱,以备必要时用以揩抹。

(9)检查供油管另一舷接头盲板及与之有关的接头盲板,是否密封好;确认有关加油阀开关正确;确认供、受油管接头已装好,接头下方应放置集油桶。

(10)轮机长同主管轮机员应与供油代表联系商定下列事项。

油的品种、数量是否符合我方要求;装油的先后顺序;装油总量、供油泵排量、供油速率控制;装油过程中的双方联系方法,并校对好通信工具,制订双方加油联系信号(一般添装量已到时,停泵应由供方掌握)。

(11)轮机长亲自或指派主管轮机员与供油代表一起测量供油油驳或油罐的存油量、油温、检验油质。如有流量计的,则应核对流量计的底数;如是油罐车则应检查铅封是否完好。

(12)在油气可能扩散到的区域悬挂“禁止吸烟”的警告牌并禁止明火作业。

(13)经主管轮机员逐项进行检查,符合要求后即可通知供油方开始供油,并通知值班驾驶员悬挂“B”信号旗,夜晚亮“红”灯。

三、加装工作中

(1)供、受双方保持密切联系。

(2)初始供油速率不应过快,防止冒油,并在开始加装后数分钟,测量受油舱(柜),倾听该油舱(柜)装油管的流油声,检查该油舱(柜)透气管的透气情况,确认油已正确地装入指定的油舱(柜)中。

(3)待进入正常泵速后,测量要勤快,要注意装油引起船舶倾斜对测量的影响及可能造成油面首先封住透气管所引起的跑油现象,必要时与供方联系进行调整。

(4)当受油舱(柜)中的油位已达到本舱容的3/4时,应打开下一个受油舱(柜)的进口阀若干圈。受油舱(柜)的油位高度应控制在离顶部至少15cm或不大于该舱容的90%,以防风浪或温度升高时溢油。

(5)最后受油舱(柜)装入2/3舱容时,应要求供油方降低供油速率,需停泵时及早通知供油方。

(6)换装油舱(柜)时,应先全开下一个装油舱(柜)的进口阀,然后关闭正在装油的受油舱(柜)的进口阀。

(7)受油方如发现输油管路、阀门、舱容及有关设备有故障或有疑问时,必须立即停泵检查,等排除故障或消除疑问后,方能续装。

(8)抽吸桶装润滑油时,应注意督促供方尽可能抽空。

(9)桶装润滑油和液压用油的油桶,一般放置在尾桥甲板等处,绑扎要牢固,绑扎的固定

点不得选择透气管、测量管或其他管系上。

四、装毕后工作

(1)轮机长应亲自或指派主管轮机员与供方代表一起测量供方的存油量,有流量计应核对其读数。

(2)待受油舱(柜)中的油气稳定后,测量本船存油量,计算实际受油量。

(3)船方受油数字一般可以以供方的计算为准。一般情况下,计算结果允许供方与船方受油量有以下范围的差值:

总受油数 100t 以内,差值小于 5%

总受油数 500t 以内,差值小于 3%

总受油数 1000t 以内,差值小于 2%

总受油数 1500t 以内,差值小于 1%

总受油数 2000t 以内,差值小 0.5%

如果差值超过上述范围,轮机长应与供方代表交涉解决并报告船长,在受油单据上批注实际受油数量。如与供方有争议,可在受油单上批注受油量的实际数字,并注明争议,同时书面报告公司。

(4)应向供方索取受油品种的油样。油样应在装油过程中从现场取样、装瓶并封好,做好标注,并经供油方签字确认。油样每份至少 500mL,一份由轮机长签字后交供油公司,一份留船并保存至该批油用完为止,且至少 3 个月。

(5)确认供油管已扫净残油,关闭加油总管截止阀,打开验油阀无残油滴漏时,方能拆除加油管。

(6)关闭、封好所有阀门、盲板。

(7)滴落甲板上的污油,应及时清除干净。

(8)集油槽落入残油时,在清除干净后方能将下部放残孔打开。

(9)通知值班驾驶员加油结束。

(10)将加油时间、地点、数量等情况详细记入《油类记录簿》。

五、发生溢油事故时的应急处理

(1)应立即采取措施,按溢油应变部署表中的职责分工,迅速控制溢油扩散,回收清除溢油。

(2)立即报告当地主管部门,听候处理,并及时与代理联系。

(3)尽快报公司,事后填报溢油事故报告。

六、加装燃油、润滑油的注意事项

(1)装轻、重油使用同一管系时,应先装轻油,后装重油。如果管系中原存有重油时,应在装轻油的开始阶段让少量轻油冲洗管壁后注入重油柜,然后方能装入轻油。

(2)装气缸油和润滑油使用同一管系时,应先装气缸油后装润滑油。如果管系中原存有润滑油时,应在装气缸油的开始阶段让少量气缸油冲洗管壁后注入润滑油柜,然后方能装入气缸油柜。

(3)各种油管的标牌要保持完好清晰。接油管时要注意分清并正确连接,以免造出错装、混油事故。标牌字样如下:

燃油 FUELOIL(F.O.)

轻油 DIESELOIL(D.O.)

润滑油 LUBRICATINGOIL(L.O.)

气缸油 CYLINDEROIL(CYL.O.)

七、加装燃油、润滑油时的人员职责分工

(一)总负责人:轮机长

(1)对加装燃油、润滑油全程负责。

(2)通过船长向油公司、港口当局办理申请手续和其他报告事项。

(3)与供油方协商加油计划、程序,包括应急停止程序以及其他具体细节。

(4)负责从现场提取油样,必要时向供油方索取油品特性资料,并妥善保存。

(5)指挥处理应急情况和溢油事故。

(二)责任轮机员职责

(1)确认在加油接管处备妥灭火器、消防皮龙、盛油桶、消油剂等器材及堵牢甲板两侧疏水孔。

(2)确认受油舱阀门已开启,加油管另一舷盲板完全封死。

(3)具体负责加装燃润油作业和加油全过程的安全,经常检查装油作业进行情况,控制加装速度。

(4)指挥满舱操作,密切监控空档高度的变化,指挥作业人员勤测量空档。受油舱转换时,正确开启、关闭有关阀门。

(5)受油过程中应随时做好应急停止的准备,一旦发生异常情况,立即通知供油方停泵。

(6)当发生溢油事故,应立即报告轮机长组织全船迅速清除溢油,使污染减至最低程度。

(7)当发生应急情况,立即报告轮机长和船长以及供油方迅速采取相应措施尽可能避免事故的发生。

(8)为加油安全,与供油方约定好通信联络的方法和信号。

(三)机工长职责

(1)将消防及防污染器材放置于加油站或输油管连接处。

(2)协助责任轮机员开启/关闭有关阀门。加油结束时,关闭有关阀门。

(3)加油期间听从轮机员的指挥,完成所交给的工作,注视加油管和阀门的工作情况。

(4)在满舱操作时,注视空档的变化情况,协助责任轮机员正确进行油舱转换。

(5)一旦发生应急情况,立即通知供油方停止泵油并关闭有关阀门,并立即报告轮机长和船长。

(6)发生溢油事故时,听从轮机员的指挥,采取有效措施,防止溢油扩散,回收清除溢油,

使污染减至最低程度。

（四）机工职责

（1）负责报告液位上升情况。

（2）当发现空当变化有异常时，应立即通知轮机员和供油方停止泵油。

（3）发现应急情况时，立即报告主管轮机员并采取相应措施。

（4）保持与轮机员有效的通讯联络。

八、船舶燃油、润滑油加装作业计划的制订

（1）船舶加装燃油、润滑油作业计划应充分考虑以下内容：所加装的燃油、润滑油的特性；各项任务已经分配给适任的人员；燃油加装管系图和润滑油加装管系图已经准备；燃润油加装作业程序已经安排妥当；与供应方已确认了联系操作方法等。

（2）船舶燃油（包括重油和轻柴油）加装作业计划由二管轮负责制订，报轮机长、船长审核后由二管轮具体负责实施；船舶润滑油加装作业计划由大管轮负责制订，报轮机长、船长审核后由大管轮具体负责实施。

（3）制订的加装作业计划应切实可行，文字简练，通俗易懂。

（4）船舶燃油、润滑油加装作业计划如表 5-12 所示。

船舶燃润油加装作业计划（样表）　　表 5-12

<table>
<tr><td>港　口</td><td colspan="2"></td><td colspan="2">计划作业时间</td><td colspan="3">自　年　月　日　时　分
至　年　月　日　时　分</td></tr>
<tr><td rowspan="4">燃润油加装细目</td><td colspan="2">拟装舱柜名称</td><td colspan="2">拟装油品</td><td colspan="2">拟装数量</td><td>备注</td></tr>
<tr><td colspan="2"></td><td colspan="2"></td><td colspan="2"></td><td></td></tr>
<tr><td colspan="2"></td><td colspan="2"></td><td colspan="2"></td><td></td></tr>
<tr><td colspan="2"></td><td colspan="2"></td><td colspan="2"></td><td></td></tr>
<tr><td>管系图</td><td colspan="7">见附图</td></tr>
<tr><td>安全与防污染措施</td><td colspan="7"></td></tr>
<tr><td>应急措施</td><td colspan="7"></td></tr>
<tr><td>其他需要说明的问题</td><td colspan="7"></td></tr>
<tr><td>拟制</td><td></td><td colspan="2">轮机长签署</td><td></td><td colspan="2">船长签署</td><td></td></tr>
</table>

课后练习

1.广义的计划工作是指________三个阶段的工作过程。

A.分析任务,制订计划和检查计划

B.预制计划,检查计划和制订计划

C.制订计划,执行计划和检查计划

D.制订计划,执行计划和考评计划

2.计划的制订和执行在时空上相对分离,只有依靠,不能防止和纠正执行中的偏差。________把计划落到实处,同时根据内外情况的变化,需要管理者及时对原计划做出必要的调整,避免计划僵化。

A.检查计划　　B.控制

C.领导协调　　D.组织

3.船员营运期间的自修是船舶常规的预防检修,其工作计划制订的依据是________。

①船舶检验的周期　②设备说明书的规定　③PH3 周期　④附加检验

A.①②　B.①②③　C.①④　D.②

4.对管理的比较系统的理解应是________。

A.管理是一种程序,通过计划、组织、控制、指挥等职能完成既定目标

B.管理就是决策,决策程序就是全部的管理过程,组织则是由作为决策者的个人所组成的系统

C.管理是管理者或管理机构,在一定范围内,通过计划、组织、控制、领导等工作,对组织所拥有的资源进行合理配置和有效使用,以实现组织预定目标的过程

D.管理就是做人的工作,它的主要内容是以研究人的心理、生理、社会环境影响为中心,激励职工的行为动机,调动人的积极性

5.为了合理利用船舶资源,负责船舶航行和机舱管理的人员应该掌握现代管理的基本知识和技能,管理者主要是运用以下________五大管理功能。

A.计划、分配、命令、监视和验收

B.设计、构成、控制、指挥和协调

C.设计、组织、命令、监视和验收

D.计划、组织、控制、指挥和协调

6.目标管理的程序一般包括三个阶段实施,即________。

A.目标的制订与展开,目标的组织与实施,目标的检查与考核

B.目标的制订,团队的组织,成果的检查与考核

C.团队的组织,目标的制订与实施,成果的检查

D.目标的制订与展开,目标的组织与实施,成果的检查与考核

7.计划的组织实施,行之有效的方法主要有________。

A.目标管理和 PDCA 循环　　B.目标管理和“自我控制”

C.PDCA 循环和“自我控制”　　D.目标管理、PDCA 循环和“自我控制”

8.PMS是根据CCS现行规范的有关要求和设备制造厂说明书的规定,由制订一套详细的周期维修保养计划,但保养周期最长不应超过________的期限。

A.机务部门/5年　　B.验船机构/说明书规定

C.船舶/5年　　D.船东/说明书规定

参考答案

1.C;　2.A;　3.B;　4.C;　5.D;

6.D;　7.A;　8.D

第六章　通信与沟通

第一节　通信与沟通的定义、方式及特点

一、通信定义

（一）定义

通信是指人与人或人与自然之间通过某种行为或媒介进行的信息交流与传递的过程。通信有两层含义：第一层是一方向另一方清楚地传送信息；第二层是一方向另一方清楚地传送信息的方式。

（二）通信过程的基本环节

一个完整的通信过程包括环节。

(1)需求：请求向接收方发送消息，发送方收集和安排消息的内容。

(2)发送：有效传送信息。

(3)应答：接收方回答消息，并确认媒介和干扰情况。

(4)接收：接收方理解消息，如果不能完全理解，请求发送方作进一步澄清。

(5)反馈：确认收到消息，并必要地反馈给发送方。

(6)完成：通信完成并终止。

（三）通信的基本信息内容

一般地，通信中信息是交流的主体。信息的内容应包括"6W1H"，它们分别是：

(1)WHY——通信的意图。

(2)WHO——通信的对象。

(3)WHAT——通信的内容。

(4)WHICH——通信的传递方式。

(5)WHEN——通信的时间。

(6)WHERE——通信的地点。

(7)HOW——通信的效果。

（四）通信的障碍

通信的障碍是指任何干扰、阻碍或影响通信的因素，如通信中断等。障碍可能是物理的或是人为的。人为障碍指信息传递者和接受者个人的障碍；而物理障碍在船舶通信中通常表现有噪声干扰。

（五）准确通信的要求（图6-1）

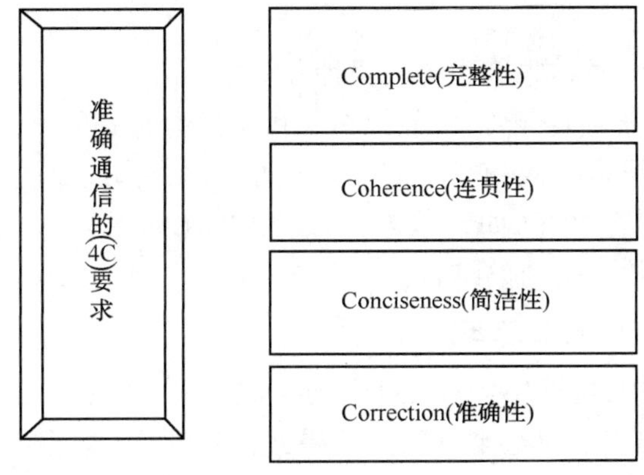

图6-1　准确通信的要求

（六）准确的通信基本方法（图6-2）

要实现准确通信，尽量做好“说—听—问”三个环节。“说”也就是提出的主张要明确；“听”是指接受方要听清楚，耐心聆听；“问”是指通信双方对没有明确的事情要及时地询问质疑。

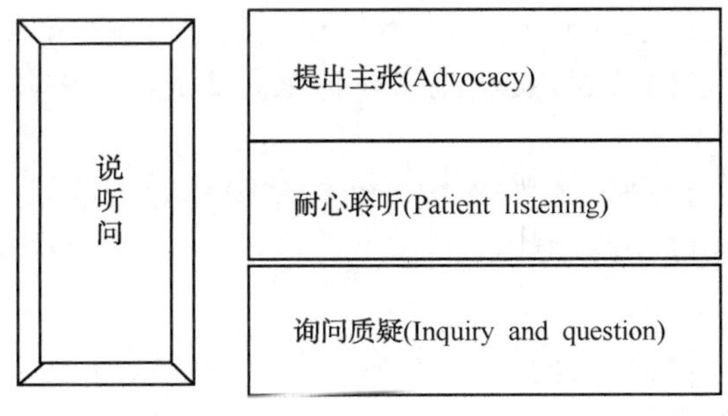

图6-2　通信基本方法

（七）提高通信效率的措施

（1）通信应有明确的目标。

（2）通过改善设备的处所，用物理方法减少干扰。

（3）增强文化意识，通过资源管理避免注意力分散。

（4）通信技能培训，合理安排时间减少压力和疲劳。

（5）使用共同语言，使用标准航海用语。

（6）达成共同的协议。

（7）交流信息、思想和情感。

二、沟通定义、方式及特点

沟通是指人与人之间、人与群体之间思想与感情的传递和反馈的过程，从而达到相互了解和协调一致的效果，确保组织目标的实现。沟通的要素包括沟通的内容、沟通的方法、沟通的动作;沟通的功能包括:信息传递、情感交流、控制功能。

(一)沟通的分类

按结构可分为正式沟通和非正式沟通两种。

按信息流动方向可分为上行沟通、平行沟通和下行沟通三种。

按沟通方式可分为语言沟通和非语言沟通两种。语言沟通是包括口头语言和书面语言沟通;非语言沟通包括声音语气(如音乐等)、肢体动作(如手势、舞蹈等)。相对而言,有效的沟通是语言沟通和非语言沟通的结合。

(二)造成沟通障碍的主要原因

在日常的沟通行为中,沟通不当或缺少沟通可能会导致误传或误解。因"意外"因素影响了信息的有效传递,出现误差甚至相反的效果,表明沟通出现了障碍。

沟通不当的标志主要表现在三个方面:不能正确表达自己的意思;没有正确阐述信息;没有恰当地聆听,"听"和"听进去"的效果差异非常大。

沟通障碍是指信息在传递和交换过程中,受噪声的干扰而失真或中断。沟通障碍包括传送障碍、接受障碍、信道障碍。其原因如下:

1.个人原因

首先,人们对人对事的态度、观点和信念不同造成沟通障碍。其次,个性特征差异引起沟通障碍。在组织内部的信息沟通中,个人的性格、气质、态度、情绪、兴趣等差别,都可能引起信息沟通的障碍。再次,语言表达、交流和理解也会造成沟通的障碍。

2.人际原因

沟通是"给"与"受"的过程。人际原因主要包括沟通双方的相互信任程度和相似程度。良好的沟通效果来自于坦诚、互信基础之上。

3.结构原因

组织机构越庞大,信息传递层次越多,信息沟通的及时性和真实性就越差。

三、有效沟通

与人沟通、打交道,最忌"以为"两字。沟通要遵循人际交往的原则:充分尊重对方的个人秘密或隐私;会话交谈时,目光注视对方;听到对方的私人秘密后不要把内容泄露给他人;不在背后批评别人。

以情动人是比较有效的沟通基础,掌握一定沟通的技巧也有助于改善沟通效果。与人沟通时,面带微笑并注意倾听,并及时给予表情、手势、点头等方面适当的反馈;表达自己意见和想法时,注意表达的措辞尽量含蓄、幽默、简洁、生动。

要实现团队的有效沟通,必须消除上述沟通障碍。良好沟通的注意事项不仅要注意着装得体、守时等尊重对方的形象,还要注意自己的表达及措辞方式。

在实际工作中,可以通过以下几个方面来努力。

1.团队领导者的责任

领导者要认识到沟通的重要性,并把这种思想付诸行动。团队领导者必须真正地认识到与员工进行沟通对实现组织目标十分重要。如果领导者通过自己的言行认可了沟通,这

种观念会逐渐渗透到组织的各个环节中去。

2.团队成员提高沟通的心理水平

3.正确地使用语言文字

4.学会有效的倾听

有效的倾听能增加信息交流双方的信任感，是克服沟通障碍的重要条件。要提高倾听的技能，可以从以下几方面去努力：

(1)使用目光接触。

(2)展现赞许性的点头和恰当的面部表情。

(3)避免分心的举动或手势。

(4)要提出意见，以显示自己不仅在充分聆听，而且在思考。

(5)复述，用自己的话重述对方所说的内容。

(6)要有耐心，不要随意插话和随便打断对方的话。

5.缩短信息传递链，拓宽沟通渠道

第二节　船舶内部通信系统

船内通信系统主要有船用电话、车钟、广播与警报装置三种类型。《钢质海船建造规范》规定各种不同用途的船内通信装置，其声响信号应有不同的音色，以利于辨别。

一、船用电话

"规范"要求下列处所以电话为通信工具时，则应为声力电话或蓄电池供电的指挥电话。

(1)驾驶室—机舱。

(2)驾驶室—应急操舵站及舵机舱。

(3)驾驶室—火警信号站及消防设备集中控制站，船首船尾。

(4)驾驶室—无线电室等。

其中(1)、(2)须为直通电话。

对于船用电话通信系统的使用与管理，要注意以下几点：

(1)目前建造的大型船舶中，都有对讲(直通)电话系统、指挥电话系统和自动电话系统。平时维护重点应是前两种，因为它们结构简单、接通迅速、工作可靠，多作为船舶指挥联络之用，与船舶航行安全直接相关。

(2)必须消除话机侧音，以免使受话方不能正确理解另一方的意图，影响指挥联络的效果。

(3)自动电话拨号时从话机送出的是脉冲信号，不是拨号时用劲越大，速度越快越容易接通。

(4)及时排除指挥电话系统的故障。

二、车钟装置

为了传达驾驶员的车速命令，控制船舶速度，船上设有车钟设备。

（一）车钟的组成及作用

在驾驶室、机舱集控室和主机机旁操纵台处，各设一个车钟。

车钟的两面各有圆形钟面，上面印有各种速度标志，钟面中央有一指针，针上装有可以前后摇动的扳手。如在双主机推进船舶上，右边的车钟代表右舷的推进主机；左边的车钟代表左舷的推进主机。尤其在船舶利用双车掉头时，切莫搞错左或右。

小船上的车钟多为链条式，由人工操纵，比较笨重。较大型的船舶一般都安装轻便的电传令钟（电车钟）。

车钟是用来传送改变主机转速的发令和回令装置，主要使用在船舶航行特别是机动航行用车时。

（二）车钟的使用和注意事项

（1）正确操作车钟，并按规定在车钟记录簿上记录。

（2）备车时应校对车钟。

（3）紧急倒车时，驾驶台可连续两次将车钟拉到倒车位置，机舱应立即执行车令。

（4）改变车速时，应及时观察转速表所指的数值（转速）。

三、舱内警报系统

船上应急警报系统有全船警报系统和局部警报系统。全船警报系统主要有火灾自动警报系统、烟火探测自动警报系统、手动火警按钮和驾驶台警报器等。局部警报系统主要有主机、舵机、供电、锅炉等的故障自动警报系统；用于通知机舱值班人员的值班呼叫警报系统；用于机舱施放二氧化碳前通知机舱人员立即撤离的警报系统。

除上述的声光警报系统外，船上还使用汽笛和有线广播报警。必要时，船钟、铜锣、口哨等均可用于报警。船员应熟悉各种形式的警报，以免延误宝贵的应急时机。

机舱设备发出的报警信号一般为声、光两种信号。值班人员先确认警报，消声，保留灯光信号，再排除故障。船舶在海上出现紧急情况发出弃船信号时，驾驶台会连续向机舱发出完车信号，机舱人员完车后迅速撤离。

第三节　轮机部内、外部通信与沟通要点

一、机舱值班人员的通信与沟通

（一）值班期间

（1）值班轮机员应告示其他值班人员有关对机器的潜在危险情况，以及危及人命和船舶安全的情况。

（2）值班轮机员应将保证安全值班的一切适当指示和信息告知值班人员，日常的机器保养工作应纳入值班日常工作制度之内。

（3）在进行一切预防性保养、损害控制或维修工作时，值班轮机员应与负责维修工作的

轮机员合作。

(4)值班轮机员应记住，为使船舶和船员的安全免遭任何威胁，在船舶推进系统发生故障引起速度变化或停止运转、舵机瞬间失灵或失效、机舱发生火灾、电站发生故障或类似这种威胁安全的其他情况时，应立即通知驾驶台。这种通知如有可能，应在采取行动之前完成，以便驾驶台有最充分的时间采取一切可能的措施来避免可能发生的海难。

(5)在交班前，值班轮机员应将值班中有关主、辅机发生的事情完整记录下来，并提醒接班人员注意。

(6)出现紧急情况而需要时，拉响警报并采取一切可能的措施避免船舶及其货物和船上人员遭受损害。

(二)值班交接

(1)在交接班前，值班轮机员应向接班轮机员告知以下事项。

①当日的常规命令，有关船舶操作、保养工作、船舶机械或控制设备修理的特殊命令。

②所有机构和系统进行修理工作的性质、涉及的人员以及潜在的危险。

③使用中的舱底污水或残渣柜、压载水舱、污油舱、粪便柜、备用柜的液位高度及状态以及对其中贮存物的使用或处理的特殊要求。

④有关卫生系统处理的特殊要求。

⑤移动式或固定式灭火设备以及烟火探测系统的状况和备用情况。

⑥获准从事机器修理的人员，其工作地点和修理项目，以及其他获准上船的人员和需要的船员。

⑦有关船舶排出物，消防要求，特别是在恶劣天气将来临时船舶的准备工作等方面的港口规定。

⑧船上与岸上人员可使用的通信线路，包括万一发生紧急事件或要求援助时与水上安全监督机关的通信线路。

⑨其他有关船舶、船员、货物和安全以及防止环境污染等重要情况。

⑩由于轮机部造成环境污染时，向水上安全监督机关报告的程序。

(2)接班轮机员在承担值班任务前，应对交班轮机员告知的上述事项充分满意，同时还应：

①熟悉现有的和可能有的电热、水源及其分配情况。

②了解船上的燃油、润滑油及一切淡水供给的可用程度和情况。

③尽可能地将船舶及机器准备妥，以便在需要时备车或应对紧急状况。

(三)通知轮机长

在遇到下列情况时，值班轮机员应立即通知轮机长：

(1)当机器发生故障或损坏，可能危及船舶的安全运行时。

(2)发生失常现象，经判断会引起推进机械、辅机、监视系统、调节系统的损坏或破坏时。

(3)发生紧急情况或对于采取什么措施和决定无把握时。

二、机舱与驾驶台的通信与沟通

(一)开航前

(1)船长应提前24h将预计开航时间通知轮机长,如停港不足24h,应在抵港后立即将预计离港时间通知轮机长;轮机长应向船长报告主要机电设备情况、燃油和炉水存量;如开航时间变更,须及时更正。

(2)开航前1h,值班驾驶员应会同值班轮机员核对船钟、车钟、试舵等,并分别将情况记入航海日志、轮机日志及车钟记录簿。

(3)主机冲车前,值班轮机员应征得值班驾驶员同意。待主机备妥后,机舱应通知驾驶台。

(二)航行中

(1)每班下班前,值班轮机员应将主机平均转速和海水温度告知值班驾驶员,值班驾驶员应回告本班平均航速和风向风力,双方分别记入航海日志和轮机日志;每天中午,驾驶台和机舱校对时钟并互换正午报告。

(2)船舶进出港口,通过狭水道、浅滩、危险水域或抛锚等需备车航行时,驾驶台应提前通知机舱准备。如遇雾或暴雨等突发情况,值班轮机员接到通知后应尽快备妥主机。判断将有风暴来临时,船长应及时通知轮机长做好各种准备。

(3)如因等引航员、候潮、等泊等原因须短时间抛锚时,值班驾驶员应将情况及时通知值班轮机员。

(4)因机械故障不能执行航行命令时,轮机长应组织抢修并通知驾驶台速报船长,并将故障发生和排除时间及情况记入航海日志和轮机日志。停车应先征得船长同意,但若情况危急,不立即停车就会威胁主机或人身安全时,轮机长可立即停车并通知驾驶台。

(5)轮机部如调换发电机、并车或暂时停电,应事先通知驾驶台。

(6)在应变情况下,值班轮机员应立即执行驾驶台发出的信号,及时提供所要求的水、气、汽、电等。

(7)船长和轮机长共同商定的主机各种车速,除非另有指示,值班驾驶员和值班轮机员都应严格执行。

(8)船舶在到港前,应对主机进行停、倒车试验,当无人值守的机舱因情况需要改为有人值守时,驾驶台应及时通知轮机员。

(9)抵港前,轮机长应将本船存油情况告知船长。

(三)停泊中

(1)抵港后,船长应告知轮机长本船的预计动态,以便安排工作,动态如有变化应及时联系;机舱若需检修影响动车的设备,轮机长应事先将工作内容和所需时间报告船长,取得同意后方可进行。

(2)值班驾驶员应将装卸货情况随时通知值班轮机员,以保证安全供电。在装卸重大件或特种危险品或使用重吊之前,大副应通知轮机长派人检查起货机,必要时还应派人值守。

(3)如因装卸作业造成船舶过度倾斜,影响机舱正常工作时,轮机长应通知大副或值班

驾驶员采取有效措施予以纠正。

(4)对船舶压载的调整,以及可能涉及海洋污染的任何操作,驾驶和轮机部门应建立起有效的联系制度,包括书面通知和相应的记录。

(5)每次添装燃油前,轮机长应将本船的存油情况和计划添装的油舱以及各舱添装数量告知大副,以便计算稳性、水尺和调整吃水差。

三、轮机部与公司职能部门的通信与沟通

(一)轮机部向公司主管部门报送

(1)各种机务报表和维修保养计划执行情况报告。

(2)机舱备件、物料的申领、入库、消耗和库存报表。

(3)机电动力设备事故报告。

(4)有关船机状态的报告。

(5)有关设备安全和性能的特殊情况报告。

(二)公司机务部门与轮机部的沟通

(1)审核、确认机舱的备件、物料、油料、修理、检验等申请,批注要求的供船时间、地点和其他相关的要求。

(2)收集最新生效的公约、规则、规范和船旗国、港口国等外部组织的最新要求,及时通报船舶,提示船舶注意相关的营运安全问题。

(3)确认以下方面是否需提供岸基支持:

①备件、物料、油料。

②临时修理或计划修理。

③证书/检验。

④PSC 检查。

(4)在登轮时,听取轮机长的工作汇报,对提出的问题在职权范围内做出合理的解释,阐明本人登轮的工作任务和需要船方配合的事项。

(5)调查了解主要干部船员的技术状况和人员的配合情况、思想状况。

(6)检查船舶维修保养情况,根据船舶的实际状况,布置下阶段工作,并提交轮机长书面确认。

(7)收集船舶应报送的各种机务报表,在可能情况下审阅并提出意见。

(8)检查船舶的 SMS 运行情况,尤其是各种档案、报表、报告的归档与保管情况。

课后练习

1.在船舶使用的电话通信系统中,直通电话常用在________之间联络。

A.驾驶室—火警信号站及消防设备集中控制站,船首,船尾

B.驾驶室—无线电室

C.驾驶室—应急操舵站及机舱

D.驾驶室—船长房间

2.中国船级社对船内通讯和信号设备的规定，叙述错误的是________。

A.各种不同用途的船内通信装置的声响信号应有不同音色

B.船上应有固定式，便携式或两者兼备的应急通信设备

C.船舶应设双向发信的通用紧急报警系统

D.船内通信和信号设备的主电源供电失效，可以自动转换至应急电源供电

3.下列关于船舶在能见度不良时航行轮机部安全管理注意事项中错误的是________。

A.保证汽笛空气正常使用　　B.保持船内通信畅通

C.机舱值班人员可以参与日勤工作　　D.随时听从驾驶台的命令

4.能见度不良时航行轮船安全管理注意事项有________。

①轮机部加强值班，集控室不能无人值班，保持主机、发电机、锅炉及空压机等机器设备处在正常状态

②保持汽笛的工作空气正常使用

③保持船内通信畅通

④随时听从驾驶台的命令

⑤必要时增开一部发电机

⑥做好行车、工具、备件和可移动的物料、油桶等绑扎事宜

A.②③④　　B.①②③④⑤　　C.②③⑤　　D.①②③④⑤⑥

5.对于船用电话通信系统的使用与管理的注意事项，说法错误的是________。

A.船舶中装有对讲电话系统，指挥电话系统和自动化电话系统，平时维护应重点是前两种

B.必须消除电话的侧音，以免使受话方不能正确理解另一方的意图，影响指挥联络效果

C.自动电话拨号时从话机送出的是脉冲信号，拨号时用劲越大，速度越快越容易接通

D.指挥电话出故障时，应及时排除故障

6.STCW 规则 A 部分规定轮机值班的所有成员除熟悉被指派的值班职责还应掌握________。

A.遵守有关国际公约，国家法规和当地规章

B.采取一切可能措施，防止污染海洋环境

C.驾驶台的所有命令应迅速执行

D.恰当地使用内部通信系统的知识

7.下列关于船舶在能见度不良时航行轮机部安全管理注意事项中，错误的是________。

A.保证汽笛的工作空气正常使用　　B.没有必要增开一台发电机

C.保持船内通信畅通　　D.轮机部加强值班，集控室不能无人值班

8.轮机员停泊值班时，若主机需要________，应事先通知并征得________同意后方可进行。

A.转车，试车/轮机长　　B.转车，试车/值班驾驶员

C.转车，冲车，试车/轮机长　　D.转车，冲车，试车/值班驾驶员

9.《钢质海船入级规范》要求________以电话为通信工具时，则应为声力电话或蓄电池

供电的指挥电话。

①驾驶室—机舱

②驾驶室—应急操舵站及舵机舱

③驾驶室—火警信号站及消防设备集中控制站,船首,船尾

④驾驶室—无线电室

A.①②　　B.①②④　　C.②③④　　D.①②③④

10.弃船时,如果机舱值班人员接到________次“用车完毕”车令或船长用其他方法通知撤离后,立即携带规定物品撤离机舱,奔赴集合登乘。

A.2　　B.3　　C.4　　D.1

11.船舶内部的通信系统,一般指的是________。

①电话　②传令钟　③广播　④警报系统

A.①②③　　B.①②④　　C.②③④　　D.①②③④

12.关于使用船内通信系统的注意事项,叙述错误的是________。

A.电磁式送话器和受话器的作用原理一般具有可逆性

B.在噪声较大的位置要设置屏蔽

C.拨号时越用力越快,就越容易接通电话

D.目前常用的消侧音电路有桥式和补偿式两种

13.有关船内通信系统的说法,正确的是________。

A.轮机值班人员应具有恰当地使用船舶内部通信系统的知识

B.船内不同的通信装置,其声响信号一般相同

C.目前在大型船舶中,平时重点维护的电话系统是自动电话系统

D.在噪声较小的位置要设置屏蔽

14.船舶内部的通信系统,实际上就是船舶内部的电话系统,PSC采取更详细检查的明显理由是________。

①船舶及其设备或船员并不真正符合相应公约要求

②船长和船员并不熟悉与船舶安全和防污有关的船上主要操作管理程序

③迹象表明主要船员之间,主要船员与船上其他人之间不能进行交流

A.①　　B.②　　C.③　　D.①或②或③

15.船员调动交接班制度规定,交接时双方必须共同到现场进行交接的是________。

①经常容易出故障的设备及应急操作措施

②安全警报装置或信号的可靠性

③应急设备的位置及操作方法

④本船或本部门制定的有关补充规定

⑤本部门总的技术状况和存在的主要问题

A.①③　　B.①②③　　C.②③④　　D.①③⑤

16.船员应熟悉各种形式的警报,以免延误宝贵的应急时机,________是对报警的错误认识或处理。

A.机舱设备发出的报警信号一般为声光两种信号

B.必要时,船钟、铜锣、口哨等均可用于报警

C.警报时,值班人员应先消除灯光信号,再消声,确认警报,排除故障

D.弃船信号的发出是船舶在海上出现紧急情况,驾驶台连续向机舱发出完车信号,通知机舱人员迅速撤离

17.在检修副机和各种气、电控制的辅助机械设备时,应当________。

A.注意安全

B.通知当班人员

C.在操纵或控制部位派专人看管或悬挂警告牌

D.准备好消防器材

18.船舶应变的警报信号中,如警铃和汽笛一长声,连放6s,是________性质的应变。

A.消防　B.解除警报　C.弃船　D.综合应变

19.团队成员的作用说法正确的是________。

A.凝聚者善于调和各种人际关系,在冲突环境中其社交和理解能力,会成为资本有他们的时候人能协作的更好,团队士气更高

B.对于那些重要且要求高度准确性的任务是干着起着不可估量的作用,在管理方面崇尚高标准,严要求,注意准确性,关注细节,坚持不懈

C.创新者有与人交往和发现新事物的能力,善于迎接挑战

D.信息者是确保团队快速行动的最有效成员

20.在船上,可以从________方面培育良好的团队精神。

①营造一个相互信任的氛围

②建立合理有效的沟通机制

③强化业务知识、敬业精神的学习和提高

④船舶管理人员的带头作用

A.①②　B.①③④　C.①②④　D.①②③④

参考答案

1.C;	2.C;	3.C;	4.B;	5.C;
6.D;	7.B;	8.D;	9.B;	10.A;
11.D;	12.C;	13.A;	14.D;	15.B;
16.C;	17.C;	18.D;	19.A;	20.D

第七章　船舶应急预案

第一节　船舶遭遇恶劣天气、自然灾害应急预案与人员指派

一、船舶遭遇恶劣天气、自然灾害应急预案

(1)发出警报,组织应急并及时抄收当地或附近气象台的天气预报。

(2)迅速报告公司指定人员及公司调度室,并根据船位,报告就近港口当局或海上搜救中心。

(3)根据天气预报或气象传真图,综合分析天气情况、做出判断。及时调整航向、航速,以减轻恶劣天气对船舶的损害,必要时选择就近安全港口避难。

(4)船舶在遭受或面临自然灾害威胁时,轮机长应在机舱指挥轮机员工作,保证主、辅机的工作正常,确保轮机安全,并做好应急舵的随时转换使用。按船长指令,安排轮机员驳油,将燃油并舱,减少自由液面,保持船舶良好稳性。

(5)船舶遭遇自然灾害或临近自然灾害威胁时,大副要听从船长命令,协助船长工作。安排水手长、木匠检查并关闭所有水密门窗,保持水密。并通知机舱做好排水系统的使用准备工作,确保排水系统正常使用。

(6)对船舶遭遇自然灾害后可能造成的搁浅、碰撞、火灾等事故,应按应急预案进行部署,尽全力保证人、船、货安全。

二、船舶遭遇恶劣天气、自然灾害应急人员指派

(1)船长在驾驶台指挥操纵船舶,制订脱险方案,与公司及对外联络。根据事态发展,发布应变部署命令。

(2)大副在甲板根据船长应急指令,指挥木匠、水手长、水手工作,协助船长制定脱险方案。根据适航状态制定压、排水计划。

(3)值班驾驶员/二副在驾驶台加强海况瞭望,核定船位,按船长指令操纵船舶,守听VHF,做好相应记录。

(4)值班水手在驾驶台按操舵指令正确操舵。

(5)水手长在甲板带领水手安置甲板安全绳,准备堵漏器材,或执行船长、大副指派的其他工作指令。

(6)木匠在甲板关闭水密门窗、通风孔,注意锚链,按指令进行绑扎或解固,增加测量水舱及污水井次数,按大副指令调整压载水。

(7)水手按大副、水手长的指令工作。

(8)轮机长在机舱按驾驶台指令操纵主机,指挥机舱工作,督促轮机员检查主机、辅机、

应急设备工作情况,保证设备正常运转。

(9)大管轮在机舱协助轮机长工作,指挥轮机部人员固定备件、做好封闭机舱和堵漏的准备工作。

(10)二管轮在机舱测量油柜,做好驳油准备。

(11)三管轮在机舱管理泵、阀,使其工作正常,按大副通知及时压、排水。

(12)机工长在机舱准备应急修理器材,备妥堵漏器材并执行轮机长、大管轮指派的其他工作。

(13)机工在机舱执行轮机长、轮机员的命令,按其指令工作。

(14)电机员在机舱/甲板负责应急电源及应急报警系统,按命令切断暂时不用电处所的电源。

(15)其他人员待命,做好援助准备,服从调遣。

第二节　临近战争危险应急预案与人员指派

一、临近战争危险应急预案

(1)船长收到公司、港口机关或代理通知,或发现船舶已面临战争危险,应立即发出警报,组织应急。尽可能选择合适的航线避开战区。若收到船公司通知,船舶将面临战争危险或驶往战区执行任务,应按公司指令制订航行计划。

(2)如船舶必须驶入或驶进战争海域,应事先做好充分的物质、人员、医疗和其他安全准备。并对应急系统进行全面检查,确保其处于良好技术状态,随时可用。

(3)做好船用物品、备件的系固,保证水密装置正常。

(4)节约食品和淡水,对灯火和能量实行管制,安排战时值班。

(5)船舶抵达战区前或已驶进战区,船长应指定专人守听、收听当地战况广播。及时抄收战区航警和气象预报,密切注意布雷区及禁航区。通过向公司、代理、港口机关、战争当局了解巡逻线和对商船的航行规定。船长据此设计能尽快驶离战区的安全航线,并报船东及境外租船人。

(6)如船在战争影响的区域,应尽量避免与战区各方发生冲突,避免或减少不必要的损失。

(7)船舶抵/离战争区域,向公司发抵/离战区的预报和确报。每天按时向公司报告船位或执行公司有关规定。

(8)在战区海上航行,若遇军舰采取不友好或敌对行动,应及时采取变向、变速等措施,以减少炮火命中率,并立即电告公司或驻外使领馆。

(9)若遭到军方袭击,不论船舶是否受损,应立即向公司或驻外使领馆报告有关情况。

(10)船舶在战区导致消防、堵漏、人落水、弃船、油污染等应急情况时,按船舶的应变部署表/应急计划进行。

二、临近战争危险应急时的人员指派

(1)船长在驾驶台任总指挥,指挥操纵船舶和对外联系。视面临的危险发布应急行动

命令。

(2)值班驾驶员/二副在驾驶台协助船长瞭望,按船长命令操纵船舶,核定船位,守听VHF;做好各项记录。

(3)值班水手在驾驶台按船长或驾驶员指令正确操舵。

(4)驾助在驾驶台加强海面、空中瞭望,监视全船灯光遮蔽情况、传令及内部联络。

(5)大副在甲板执行船长命令,部署、检查甲板各项应急准备的实施,备妥货物舱单,做好开舱检查准备。

(6)二副在驾驶台备妥海区(战区)大比例尺海图和相应资料,根据船长的指示设计航线。

(7)三副在甲板将救生艇、救生筏处于随时释放状态,并在艇内增设急救箱,消防设备处于临警状态。

(8)水手长在甲板备妥足够、有效的堵漏器材,甲板安置安全绳,指派水手协助木匠关闭所有的水密门窗。

(9)木匠在甲板测量各水舱、货舱污水井,协助水手长做好堵漏准备,按大副计划会同三管轮做好排水准备。

(10)水手按大副、水手长指令工作,并做好护船、保卫工作。

(11)轮机长在机舱应急操纵机器,封闭机舱。

(12)大管轮在机舱协助轮机长工作,检查各设备工况,准备应急抢修。

(13)二管轮在机舱协助轮机长工作,封闭机舱。

(14)三管轮在机舱协助轮机长工作,检查机舱/货舱排水系统,做好排水准备。

(15)机工长在机舱准备应急抢修器械,备妥堵漏器材,协助轮机员工作。

(16)电机员在机舱负责应急电源和应急报警系统的正常使用,切断机舱暂时不用电处所的电源。

(17)机工听从轮机长、轮机员指挥,做好护船、护机工作。

(18)其他人员做好战时各项准备,服从调动,听从指挥。

第三节　船舶丧失操纵能力应急预案与人员指派

一、船舶丧失操纵能力应急预案

(1)船舶在航行中发生丧失操纵能力的紧急情况时,立即发出警报,采取滞航(大洋及远离海岸航行)及就地抛锚(沿岸航行、水深适宜)等措施。

(2)在采取应急行动的同时迅速报告公司,并可根据船位报告就近港口国主管机关或海上搜救中心。

(3)在狭窄水道航行时,条件允许可向就近港口机关申请拖轮予以协助。

(4)进出港时,可通过引水、代理或直接向港口主管机关申请拖轮予以协助,使船舶抵达安全水域抛锚。

(5)当值驾驶员和水手应加强瞭望,以防本船失控后与他船发生紧迫局面,并按《国际信号规则》和《避碰规则》的要求显示号灯、号型。

(6)当值驾驶员应使用VHF发布本船目前位置,提醒来船注意,并做好各项记录。

(7)船长应积极配合引航员,征求引航员意见(进出港时),沉着指挥。

(8)轮机长指挥轮机员迅速进行故障设备抢修工作。

(9)求得岸基支持,按公司的指示,采取进一步抢救和抢修措施。

(10)船舶丧失操纵能力导致的碰撞、触礁、搁浅、燃油泄漏等事故,按相应应急预案进行部署。

二、船舶丧失操纵能力时的人员指派

(1)船长在驾驶台任总指挥,发布船舶操纵命令,指挥船舶操纵,负责对外及与船公司联系。

(2)值班驾驶员/二副在驾驶台协助船长操纵船舶,守听VHF,核测船位,做好记录。

(3)值班水手在驾驶台按舵令正确操舵。

(4)大副在船首指挥甲板部人员工作,备锚、备缆、系带拖轮,待命。

(5)二副在驾驶台按船长指令准备消防器材,准备释放救生艇、救生筏。

(6)水手长在船首备锚、备缆,或按船长、大副指令进行准备。

(7)木匠在船首备锚、备缆,待命。

(8)轮机长在机舱任抢修现场的指挥。向船长报告故障,组织人力抢修,尽快排除故障。

(9)大管轮在机舱组织现场抢修。

(10)二管轮在机舱进行现场抢修,并负责发电机/应急发电机。

(11)三管轮在机舱进行现场抢修,并注意泵、阀情况。

(12)电机员在机舱负责电气设备的修理、发电机及应急照明。

(13)机工长在机舱协助大管轮工作或听从轮机长、大管轮指挥,完成指定工作。

(14)值班机工在机舱向轮机长、轮机员报告发现的故障情况,随时听从指挥。

(15)其他机工在机舱听从轮机长、轮机员指挥,完成指定工作。

(16)其他人员待命,做好援助准备。

第四节　防暴力或海盗劫船应急预案与人员指派

航行于海盗活动频发海域,加强值班瞭望,增设防海盗安全班。当发现不明船只尾随、堵截、傍靠、强行攀登,应认为是面临海盗入侵/劫船。船舶应:

一、立即报告

立即报告公司指定人员及公司调度室,将船所处位置报告就近港口主管机关或海上搜救中心。

二、面临海盗入侵、劫船时

(1)发警报,全体船员迅速集合,占据有利位置。

(2)情况危急时,发出求救信号。

(3)努力控制局面,设法阻止海盗登船。

(4)对海盗入侵,使用水龙或其他器械与其周旋,设法将其驱赶下船是上策。

(5)尽量避免与海盗发生冲突,不伤害其性命,特殊情况区别对待。

(6)尽力保护旅客(如有)和船员的人身安全。

(7)尽力控制不使海盗进入驾驶台或机舱。

(8)视情进入安全舱待援。

三、当有暴力或恐怖活动时

(1)船上如发生暴力犯罪事件,包括已查明的正在预备犯罪、实施犯罪或犯罪后及时被发现的,以及精神病人、酗酒的人和其他的人在其不能控制自己的行为的时候,而其行为已对船员、船舶或财产构成严重威胁时,船长有权采取强制性安全措施将其禁闭。但所采取的强制性安全措施,船长或政委应写出案情,报告公司批准。在紧急情况下,可在采取强制性安全措施后补报手续。

(2)如船在国内港口,应立即向公司报告,请示处理意见。

(3)若船在国外港口,应立即向公司或我国驻当地(或附近)的使领馆报告并按其指示进行处理。

四、防海盗劫船时的人员指派

(1)船长在驾驶台任总指挥,掌握敌情,对外联系,视情和根据上级指示发布应变命令。

(2)值班驾驶员/二副在驾驶台鸣放声号或 VHF 报警,按船长指令操纵船舶,瞭望,定位。做好各项记录。

(3)值班水手在驾驶台按舵令正确操舵。

(4)驾助在驾驶台按指令开启或关闭甲板照明,操纵探照灯。

(5)大副在现场协助政委工作,或听从船长、政委指挥,执行任务。

(6)水手长在现场准备自卫器械,执行现场指挥命令。

(7)木匠在现场准备自卫器械,检查生活区各层通道封闭情况。

(8)水手在现场接妥水龙带,执行现场指挥命令。

(9)轮机长在机舱指挥机舱人员,准备应急操纵机器,组织人员关闭机舱,安排人员在机舱巡逻,随时向船长报告情况。

(10)值班轮机员在机舱听从轮机长指挥,协助操纵机器。

(11)其他轮机员在机舱听从指挥,协助轮机长工作,封闭机舱,检查泵、阀。

(12)电子电气员在机舱协助轮机长工作,负责电气设备,按命令增加必要的照明。

(13)机工长在机舱准备自卫器械。

(14)其他人员在现场听从政委指挥,携带自卫器械,现场自卫。

第五节　船舶触礁、搁浅应急预案与人员指派

一、船舶触礁、搁浅应急预案

(1)船舶航行中发生触礁、搁浅事故时,应立即发出应急警报,报告公司指定人员及公司调度室获得指示。

(2)据搁浅、触礁事故位置报告附近港口主管机关,事故危及船员、船舶安全时报告海上搜救中心。

(3)现场指挥大副立即派水手长、木匠等人测量船舶六面水尺,确定搁浅、触礁部位,了解和探测搁浅水域底质。

(4)驾驶台当值人员应详细记录搁浅、触礁时间、船位,显示规定的号灯、号型。

(5)木匠测量双层底压载水舱、货舱污水井及干隔舱有无进水,并做好记录。二管轮测量油舱油位变化情况,并做记录。

(6)若船舶因触礁导致进水,应按堵漏应变部署和进水应急计划组织动员排水堵漏。

(7)轮机长应立即进入机舱,指挥有关人员检查主机、舵机、辅助机械及艉轴、推进器有无损害,并报告船长,同时换用高位海底门。

(8)船长应根据各方面反馈的信息,积极采取起浮措施,并据大副报告的船舶周围情况,判断是否动车脱浅。

(9)若自力脱浅无效,应请示公司,联系代理申请外力协助脱浅。

(10)自脱浅无效候援期间,船方应尽力固定船位,包括调整载荷及使用锚具。警惕潮水和风流对船舶强度和稳性的不良影响,防止船舶破损和断裂、打横,被风浪推上高滩,严重横倾乃至倾覆。

(11)搁浅、触礁发生油污按有关船上油污应急计划执行。

(12)搁浅、触礁导致火灾、弃船、人落水应变/应急事项时,按相应的应变部署/应急计划进行。

(13)二副或当值驾驶员应详细记录船舶搁浅、触礁、自力脱浅/外援脱浅情况。

二、触礁、搁浅应急时的人员指派

(1)船长在驾驶台任甲板现场总指挥,据勘察/反馈情况确定脱险方案,对外联络。

(2)政委在现场/甲板/机舱任副总指挥,组织、动员人员,协助船长及现场指挥实施脱险方案。

(3)值班驾驶员/二副在驾驶台,详细记录触礁/搁浅/自力脱浅/外援脱浅及船舶采取的各项应急措施,监测气象、潮汐,做好记录。

(4)值班水手在驾驶台按指令正确操舵。

(5)大副在甲板现场任甲板现场指挥,确定触礁/搁浅部位及吃水情况,指挥甲板人员工作,协助船长制定脱险方案。

(6)三副在甲板现场协助大副工作,做好释放两舷救生艇及消防准备工作。

(7)水手长在甲板现场关闭水密门窗,测量船舶四周水深,备妥堵漏器材和拖缆。

(8)木匠在甲板现场定时测量水舱和货舱污水井水位,据大副指示调整压载水,备锚固定船位。

(9)水手在甲板现场按大副、水手长指令工作。

(10)轮机长在机舱/集控室任机舱现场指挥,负责备车,应急操纵机器,指挥部门人员做好堵漏排水准备,对机器设备进行检查。

(11)大管轮在机舱协助轮机长工作,检查主机、舵机、辅助设备损坏情况,确定机舱漏、损部位和情况,指派人员关闭水密门,堵漏,排水。

(12)二管轮在机舱测量油舱,做好驳油准备。

(13)三管轮在机舱管理泵、阀,准备排水及按大副指令排、压压载水。

(14)电子电气员在机舱负责电气设备和应急电源,按要求增设必要的照明。

(15)机工长在机舱协助大管轮工作,准备应急修理器材,备妥堵漏器材。

(16)值班机工在机舱听从轮机长指挥,传令,联络。

(17)其他人员待命,做好援助准备。

第六节　船舶进水、堵漏应急预案与人员指派

船舶进水的原因大部分是由于搁浅、触礁、碰撞、船舶老旧、水密失灵、造船缺陷、严重横倾、武器攻击等原因引起。船体破损进水后,如果进水速度大于本船排水速度,船舶安全会受到威胁。因此,船舶一旦进水,制止进水的方法就是堵漏。

一、船舶进水、堵漏应急预案

(1)发现船舶漏损进水,应立即发出堵漏警报(警铃或汽笛二短一长,连放1min)召集船员,报告船长并通知机舱。全体船员听到警报信号后,按应急计划分工,携带规定携带的堵漏器材,迅速赶赴现场,做好堵漏准备。

(2)立即报告公司指定人员及公司调度室,并根据所处位置报告附近港口主管机关或海上搜救中心。

(3)进水堵漏应急计划中,大副为甲板现场指挥,轮机长为机舱现场指挥。堵漏队长为水手长,隔离队长为三副,排水队长为三管轮,救护队长为二副,政委为副总指挥。

(4)现场指挥大副率领堵漏队和隔离队的队长迅速查明漏损部位、损坏情况和进水量等,并立即报告船长确定施救方案,命令各队人员投入施救。同时,木匠测量淡水舱、压载舱、污水井等水位。二管轮测量各油舱液位。大副带队测定破洞的位置、破洞大小及进水情况。

(5)船舶发生漏损后,船长应通知机舱工作人员备车,立即采取停车或减速措施,以减少水流和波浪对船体的冲击。若已查明漏损部位,应用车舵配合将漏损部位置于下风侧,以减少进水量。

(6)一经发现进水部位,应立即通知机舱排水,机舱应积极响应。同时,三副率领隔离队

紧闭进水舱四周的水密门和隔舱阀等,使进水舱与其他舱室隔离,考虑临近舱壁强度,必要时予以加固。

(7)堵漏队在水手长的率领下,直接担负堵漏和抢修任务,实施行之有效的堵漏措施。船长和大副根据漏损情况发展,及时调整部署。

(8)三管轮率领排水队使用所有水泵(包括便携式水泵)合力排水,并根据情况注入、排出和驳移压载水,保持船体平衡。

(9)指派木匠定时量水(并派专人不断观察和记录艏、艉吃水)和干舷高度变化,估计进水量和排水量之差,判断险情的发展和大量进水对船舶稳性及浮力的影响。

(10)若进水严重和情况紧急,船长应请求第三方援助,条件允许,择地抢滩。如船长确认堵漏无效,船舶面临沉没时,有权宣布弃船。

(11)船长应指导值班驾驶员做好详细记录,向公司和有关当局报告。

(12)船舶进水原因以碰撞/触礁为主,应急可按船舶碰撞/触礁(进水)应急计划进行部署。

二、船舶碰撞应急时的人员指派

(1)船舶发生碰撞,应迅速发出警报,通知船长和机舱,船舶立即进入应急状态。

(2)船长任总指挥,命令大副查明破损部位损坏情况,有无进水、人员伤亡、油污染情况及程度。

(3)若碰撞部位在机舱,轮机长应迅速进入机舱,查明碰撞部位及机器受损情况。

(4)船长立即向公司指定人员及公司调度室报告,并根据船舶所处位置向就近港口主管机关或海上搜救中心报告。

(5)大副、轮机长指派专人监视破损部位,及时向船长报告监测结果,以便船长确定施救方案和判断是否需要外援。

(6)当船撞入另一船船体时,应视情采取慢车顶推等措施减少破洞进水,尽力操船使破洞处于下风舷。

(7)若船体破损进水,应组织排水和堵漏,进水严重应选择适当浅滩坐浅。

(8)轮机长应负责机舱内的损害控制,即对主机、辅机、舵机等机舱设备的损坏做出估计和抢修,并报告船长,并按指示安排人员在舱柜之间转移燃油,提供电力和辅助机械方面的各项服务。

(9)碰撞双方应交换有关船名、呼号、船籍港、船舶登记编号、出发港、目的港及货物等情况。船长应向对方船长递交一份"碰撞责任通知书"要求对方船长签字并盖船章,当对方要求本船船长签署同类文件时,仅应明确批注"仅限收讫"类文字。

(10)值班驾驶员应做好各项抢险的详细记录,保存相关海图。船长负责指导驾驶员谨慎 如实地填写航海日志。

(11)对方船处于危险状态,在不严重危及本船安全的情况下,应尽力提供援助,包括协助对方船员或协助被撞船舶抢滩。

(12)若情况紧急,船长有权请求第三方援助。如碰撞损坏严重,确属无力抢救,船长有权宣布弃船。

(13)若碰撞引起火灾或油污染,应按火灾应变部署、船上油污应急计划进行部署处理。

(14)碰撞导致的船体结构损坏、船壳破损、进水等紧急情况按相应的应变计划进行部署。

(15)碰撞导致人员受伤,应立即实施抢救。

需要指出的是,不同国家、不同企业、不同船舶对船舶应急预案的制定、实施及人员指派会有所区别。本章所列内容并非应急预案的全部,亦非应急预案的指导标准,只是为应急预案的制定、实施及人员指派提供借鉴和参考。

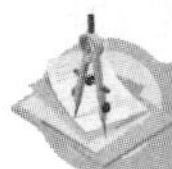

课后练习

1.船舶在港停泊时发生应变情况,下列________项不属于值班驾驶员的职责。

A.严格遵守港方有关安全的规定

B.遇火警、人落水或船进水等事故时,应立即发出警报

C.船长、大副不在船时,全权负责指挥在船人员处理应变情况,必要时请求港方援助

D.按要求向主管机关提出详细的书面报告

2.航行中发现有人落水时应________。

A.立即停车,并向人落水舷的相反舷操舵

B.立即向人落水舷操舵,同时就近抛下救生圈,鸣放相应声号

C.停车、倒车,就近抛下救生圈

D.保持原航向,就近抛下救生圈,鸣放人落水信号

3.有关堵漏应急部署,下述________正确。

Ⅰ.现场指挥是大副;

Ⅱ.三副任堵漏队队长,直接负责堵漏抢修任务;

Ⅲ.排水队在轮机长领导下,由机舱值班人员负责排水;

Ⅳ.事务员领导救护队负责维持现场秩序,救护伤员等

A. Ⅰ、Ⅱ、Ⅲ、Ⅳ　　B. Ⅰ、Ⅱ、Ⅲ

C. Ⅱ、Ⅲ、Ⅳ　　D. Ⅰ、Ⅲ、Ⅳ

4.船舶在港内停泊发生火灾时,全权负责指挥灭火的是________。

A.船长　　B.大副(当船长不在船时)

C.值班驾驶员(当船长、大副都不在船时)　　D.A、B、C 都正确

5.船体破损后的进水量与下列________因素有关。

Ⅰ.船舶大小;　　Ⅱ.船速快慢;

Ⅲ.破损面积;　　Ⅳ.破口在水线下的深度

A. Ⅰ—Ⅲ　　B. Ⅰ—Ⅳ

C. Ⅱ—Ⅳ　　D. Ⅰ、Ⅱ、Ⅳ

6.船舶在港停泊时发生应变情况,下列________不属于值班驾驶员的职责。

A.严格遵守港方有关安全的规定

B.遇火警、人落水或船进水等事故时,应立即发出警报

C.船长、大副不在船时,全权负责指挥在船人员处理应变情况,必要时请求港方援助

D.按要求向主管机关提出详细的书面报告

7.船体破损进水后,用下列________方法来确定船体漏损的位置和漏情是不可取的。

A.进入较快时派人潜水检查破损处的情况

B.舷侧的破损部位可用自制探测器根据吸力的变化判断

C.测量油、水舱和污水沟,根据液位变化判断

D.货舱进水,尽可能进入舱内检查

8.他船船首撞入本船后,为了减少损害,下列________行动正确。

Ⅰ.令他船迅速脱离本船以减少破损;

Ⅱ.迅速查清船体受损情况;

Ⅲ.尽量减少水域污染;

Ⅳ.水线下破损时全力排水并堵漏

A.Ⅰ—Ⅳ　　B.Ⅰ—Ⅲ

C.Ⅰ、Ⅲ、Ⅳ　　D.Ⅱ—Ⅳ

9.在船体因故漏损的情况下,应采取的措施有________。

Ⅰ.通知机舱立即停车或减速,减少水流对船体的冲击;

Ⅱ.尽快查找漏损位置;

Ⅲ.关闭与漏损舱室相通的水密设施;

Ⅳ.采取有效的堵漏措施

A.Ⅰ—Ⅳ　　B.Ⅰ—Ⅲ

C.Ⅰ、Ⅲ、Ⅳ　　D.Ⅱ—Ⅳ

10.船舶触礁后,宜采取下列________措施控制损害。

Ⅰ.车舵配合尽快脱离礁石;

Ⅱ.查清触礁部位和损害情况;

Ⅲ.适时堵漏排水;

Ⅳ.防止船体倾斜

A.Ⅰ—Ⅳ　　B.Ⅰ—Ⅲ

C.Ⅰ、Ⅲ、Ⅳ　　D.Ⅱ—Ⅳ

11.在紧急情况下,为了保证人员安全采取的下列________行动不正确。

A.火灾、爆炸时应将旅客转移至安全区域

B.当有人员伤病严重时经请示船东后驶往最近港口治疗

C.遭遇武装海盗袭击时应动员船员奋力反抗

D.弃船时,让旅客最先撤离

12.船舶发生搁浅或触礁时,________负责率领水手测量和记录船舶四周水深。

A.大副　　B.二副　　C.三副　　D.水手长

13.船体破损进水后,应采取下列________应急步骤。

Ⅰ.根据本船破损控制图,迅速关闭甲板及货舱等水密舱室的一切开口;

Ⅱ.如果不是两舷同时漏损应尽量使破损处处于下风舷,减少进水量;

Ⅲ.尽快查明漏损的部位和漏情;

Ⅳ.通知机舱排水

A.Ⅰ—Ⅲ　　B.Ⅰ—Ⅳ

C.Ⅱ—Ⅳ　　D.Ⅰ、Ⅱ、Ⅳ

14.船体破损进水后,用对称灌注法保持船体平衡只适用于下列________船舶。

A.一般的干货船　　B.客船

C.水密舱室多且小的船　　D.B和C

参考答案

1.D;　2.B;　3.D;　4.D;　5.C;

6.D;　7.A;　8.D;　9.A;　10.D;

11.C;　12.C;　13.B;　14.D

第八章　机舱资源管理应用实例分析

第一节　实例分析概述

实践证明,在运用机舱资源管理知识,培养船舶管理人才过程中,案例分析是一种行之有效的培训方法。因为这种方法能将轮机人员的注意力吸引到实践中已经发生过的事情上,警示作用明显,有利于巩固和加深轮机人员对所处的工作环境有更多的理解,培养他们综合运用所学知识去解决实际问题的能力。通过案例分析,还能给轮机人员创造一个身临其境的感觉,使其得到一个开发和锻炼对不同的工作环境所带来的问题进行分析和处理的机会。此外,案例分析还可让轮机人员通过扮演其他各种角色去体验在其他岗位上怎样学习运用知识和技能解决相关问题,从而提高轮机管理人员从事轮机管理工作的能力。

一、机舱资源管理实例分析的目的及原则

机舱资源管理实例分析的目的是为了轮机人员更好地学习、理解机舱资源管理的理论知识与原理,进一步提高其在机舱资源管理方面的正确理念,掌握现代管理知识在机舱资源管理方面的应用方法,汲取他人在机舱管理工作中的经验教训,学习和丰富自己在工作中的专业管理知识和经验,转变思想理念,端正工作态度,提高轮机管理水平,最终达到尽可能阻断失误链,减少事故中的人为因素影响并降低事故发生率。

机舱资源管理实例分析的原则是撇开事故发生的表象,从深层次的角度去分析和查找除了事故的直接原因之外的事故链及人为因素及其产生原因。具体分析这些问题产生的诸如情景意识、团队合作、沟通及人为失误等机舱资源管理理论中得到应用的重点方面,而不将重点落脚在具体操作的技术层面。

二、机舱资源管理实例分析的形式

对于不同的案例可以从不同的方面去分析,那么就可以有多种实例分析形式运用在机舱资源管理实例分析中。

理论分析:就案例所涉及的理论知识去分析。

事件分析:就案例产生的原因、过程及所带来的后果进行分析。

案例思考:可以通过对案例设定一定问题,通过开放式的思考回答来寻求避免事故发生或减轻事故损害的方法。

角色模拟:通过学习者模拟案例中当事人的角色,设身处地的体验、观察和思考,然后再对案例进行分析,这样才可能得出符合实际的结论,提出切实可行的建议。

第二节　船舶主机案例分析

一、主机高压油泵故障导致船期延误案例分析

（一）事故简介

某轮，主机型号为 B&W 6S60MC。某年某月某日该轮抵某港口锚地，4 天后计划由锚地移泊靠港，但在备车时发现主机无法正常起动，短时间内又未能找到故障原因，只得被迫取消靠泊。在其后的数天里，经反复检查和测试，终于发现主机不能起动的原因是由于 6 个缸的高压油泵柱塞、套筒偶件全部磨耗过大，造成泵压过低，导致喷油器针阀不能开启，主机不能正常起动运行，后来更换了 6 套新的柱塞、套筒，恢复了正常。该轮在这次故障中，因等备件所耽误的船期，额外用拖轮带靠码头等所损失的费用要远远高于换新备件本身的费用，因此本次高压油泵故障对公司带来了巨大的经济损失。

（二）事故原因分析

就客观原因来讲，作为高压油泵的核心部件——柱塞、套筒偶件，由于工作环境的恶劣和密封要求高等特点，尽管各制造厂在材料、加工工艺等方面下足了功夫，但在长时间的连续工作下，是一定会造成磨损的，随着磨损的加剧，其密封性能和泵压效果势必受到影响。

制造商曾经主张每 4 年左右应该更换柱塞、套筒偶件，有专业人士亦提出过其使用的极限时间为 30000h 左右，从经济角度考虑，通常会参照保养时间上限，甚至是根据实际情况来决定保养时间。但国际上高黏度重油的广泛使用，燃油供货商出于各种利益的考虑，造成燃油质量的参差不齐，而且往往很难从其构成成分的化验得出明显的不利于柴油机的结论，某些地区的重油在提炼过程中使用了添加剂，如果这些添加剂未能得到较好的清除，便成柱塞和套筒之间的“磨料”，伴以高温更可能加快柱塞和套筒之间的磨损，引发提前损坏。尽管油泵的工作特性随着使用时间的增加而降低是必然的结果，但六个缸同时出现故障并造成巨大的经济损失，有必要追究人的主观原因。

首先，故障发生前往往总是会有前兆的。除了因某种原因造成的油泵柱塞卡、咬外，这种逐渐磨损的柱塞、套筒引起的故障亦会有前兆或各种不正常征兆。该轮发生故障之前就出现过以下的现象。

（1）转速不正常的自动下降。该轮在出现故障的前一段时间里，曾发现在与以往相近的外界负荷时，油门加大，转速却自行下降或者说在同样的油门下，转速较以前明显低，加速困难。

（2）压缩压力基本不变，爆炸压力降低，在无外界负荷影响下，排气温度下降，且各缸之间的排气温度差别加大和变化频繁。

（3）在正常负荷下，转速不稳定，调速器动作频繁（这一点对于发电原动机表现尤为明显）。

（4）起动困难，特别是有时会“偶然”开不出倒车。在抵港（特别是抵锚地）时由于倒车次数不多，“偶然”一次倒车不来，可能不在意或未引起注意。

(5)慢速不稳定,最低稳定转速的数值上升。由于在低转速和可使用的最低转速时个别高压油泵的工作状况的好坏,最易影响低转速的稳定和能否在最低稳定转速上持续运行,故应经常测试或注意在这种工况下的运行状况,以检测油泵的工作性能。

(6)喷油器启阀压力下降。上述该轮在抵锚地时,曾发生一次倒车不来,在等泊期间曾更换了所有的喷油器。对换下的喷油器进行过泵压,发现换下的喷油器启阀压力普遍大幅度下降至 23~25MPa(正常为 27.5~32.5MPa)。

但船上的轮机管理人员并没有对这些现象有过完整的分析,并且受到喷油器启阀压力降低的影响,同时认为该主机总运行时间还不足 35000h,还不至于出现大范围的高压油泵故障的情况,于是将故障原因的排查局限于喷油器,从而进入误区。

换下的喷油器启阀压力下降,有各种可能因素,但未必一定是油泵出问题,但当较多的喷油器出现启阀压力下降时,引起注意是必要的。燃油的质量好坏会影响油泵柱塞、套筒的密封性,亦会影响喷油器针阀的密封性。油泵出口压力的降低,往往会被喷油器启阀压力的下降所掩盖,导致我们在寻找故障原因时走入误区。

(三)结论

综上所述,结合情景意识的特点来分析事故发生的人为因素并寻求减少此类事故的发生率的方法。

(1)相关轮机员的轮机相关知识、经验不够丰富,不能灵活运用已有知识判断故障现象的原因及可能的结果,缺乏情景意识培养的基础。

在之前出现主机转速不正常下降,低速不稳定,压缩压力正常而爆压降低等现象时缺乏对整个燃油系统及主机主要工作参数的总体分析,把更多的精力集中到喷油器上,耽误了故障诊断的最佳时机。针对此种情况,轮机管理人员应更系统地对轮机理论知识加以学习,弄清各种运行参数的内在联系,将设备说明书研究透彻。要高度重视知识之间的相互关联及知识的融会贯通。

(2)相关轮机员运用资源的能力不足。

与该轮同属一家航运公司的船舶发生过锚地备车起动不正常(而在此以前均未发现起动系统有明显问题),都花费了较大的精力和时间才找到真正的原因,这些船首先确定故障是发生在控制系统或是燃油系统,尽管燃油系统出现故障的概率并不高,但由于大部分船舶比较重视和定期对控制系统中的各个控制阀加强了检查和养护,对起动空气系统的清洁和除湿也比较重视,从而容易发现故障的原因在燃油系统。

再如,此前曾有某船一是因为冷却器漏水造成喷进缸内的燃油因与大量水气混合而无法燃烧,二是因油泵失压喷油器根本就无法喷油。这些相关的内容并没得到该轮轮机管理人员重视并加以利用,这也造成没能尽早判断出故障原因。因此加强案例的学习有利于更快更好地建立情景意识,克服个人经历的局限,思维定式的缺陷。

(3)相关轮机员经验和轮机长领导能力欠缺。

该轮之前出现过多项主机启动/运行的相关故障,但对故障的处理过程中,故障的后果并没得到足够重视。轮机长也没有根据使用本次加装的燃油后各种故障现象的集中爆发做出合适的安排。这里体现一个轮机管理关联研究的问题,没有考虑到燃油的品质对机器性能的影响。

根据机舱资源管理情景意识的特点表明该事故的最根本原因是相关轮机员业务水平欠缺,情景意识缺乏所致。

二、某轮主机增压器喘振故障案例分析

(一)事故简介

主机型号:MAN B&W 6L70MC,额定功率 15720kW,额定转速 106r/min,常用转速 95 r/min,增压器型号 VTR564-32。

该轮离港不久,主机还未达到海速时,发现 6#缸异常,驱动排气阀的高压油管振动,且随主机转速升高而增强;排气阀和排气阀伺服油缸敲击声很大;扫气温度随主机转速上升而上升,达到 100℃左右,并伴有 2#透平喘振。主机不得不减速至 66r/min 以下运行。

针对这一故障现象,轮机员采取的停车检查主机相关系统的工作有:更换 6#缸喷油器;更换 6#缸排气阀;解体检查 6#缸排气阀伺服油缸及驱动装置未发现异常;打开凸轮箱道门,检查排气阀凸轮及驱动滚轮的工作状况也未发现异常。可是装复后,主机 6#缸故障现象仍存在,轮机长请求公司支持。

接到轮机长的报告,公司了解到该轮进港前主机没有任何异常现象;在港停泊期间也没有做过任何主机检修工程;故障发生后船员已做了上述部件的检修。

综合分析轮机长报告的主机故障现象、主机运行状况和参数,以及已经做过的检查,判断以下几种因素可能会引发该机所出现的故障现象。

(1)2#透平喘振,显然是 6#缸燃气下窜引起的。透平脏堵、空冷器脏堵、扫气排气道不通畅等原因导致的透平喘振是渐进的,而靠泊前没有任何征兆,可以排除。

(2)燃气下窜,6#缸扫气温度随主机转速上升的原因,可能是 6#缸活塞环断裂,活塞与气缸间漏气。这也是一个渐进的过程,靠泊前没有任何征兆,基本可以排除。

(3) 6#缸排气阀定时错乱,排气阀高压油管剧烈波动就是证明。

造成驱动排气阀的高压油管强烈振动并造成排气阀定时混乱的影响因素,可能有:滑油系统进空气;排气阀驱动活塞严重漏泄;伺服油缸单向补油阀卡阻,补油不足;空气弹簧室安全阀卡阻失效;排气阀总成内节流装置调节不当;液压油管内漏或安装不正确等。

引发故障因素较多,一时难于判断(当时凸轮轴油压参数无异常,也未得到船上关于大管轮调用 2#凸轮轴油泵的报告,未考虑 2#凸轮轴油泵故障)。

公司就以上故障的可能因素及相互关系,与轮机长沟通。考虑故障发生后,已经更换了 6#缸排气阀,可以基本排除排气阀本身的一些因素,再次重点检查可能影响排气阀启闭的部件,包括:排气阀空气室的安全阀、伺服油缸进油单向阀、排气阀顶部节流气阀、回油管的回油情况、排气阀高压油管二端接头端面间隙、排气阀定时等。

船员完成上述检查,没发现异常,主机 6#缸故障仍未能消除。

为了进一步查明原因,公司又要求轮机长将主机 6#排气阀伺服油缸总成、排气阀高压油管、排气阀总成等,与 5#缸逐一对调做试验,每完成一项试车一次,确认三个部分的工作状况。船员在完成上述工作后,主机 6#缸故障依旧。

接着轮机长组织船员对主机 6#缸进行吊缸检查,见气缸壁和活塞环均无异常,扫气口畅

通。主机重新启动运行,观察6#缸排气阀油管仍然振动。故障暂时不能消除,又不能立即靠岸修理,只得降低主机转速维持运行。但几天后轮机长报告,在提高凸轮轴油泵出油压力(事后才知道是换用了1#泵)后主机故障现象消失了。

(二)事故原因分析

该航次结束后,新任轮机长上船后了解到:2#凸轮轴油泵工作压力比1#凸轮轴油泵工作压力低。当时在离码头时,大管轮换用已很久未用的2#泵,才发生故障,但这一操作并没有被汇报给轮机长及船舶管理公司。原故障现象消失也是无意中恢复使用1#凸轮轴油泵后才发现的。综合之前的检查及运行的凸轮轴油泵的切换基本判定本次增压器喘振的真正原因在于2#凸轮轴油泵输出压力过低。

经拆检发现,2#凸轮轴油泵的油压偏低是由于机械密封动环和弹簧均已经卡死在轴上不能移动,且与静环脱离接触,致使密封失效,直接导致空气被吸入。被吸入的空气进入滑油系统,又由于结构的原因使进入系统的空气聚结到最容易聚结的6#缸。此时因为驱动排气阀的高压油管内空气被压缩而压力波动剧烈,同时高压油管内压力波动,使排气阀滞后开启,一方面造成高温废气窜入扫气空间,使扫气温度升高;另一方面造成单缸扫气不足,缸内燃烧不良,扫气时缸内压力过高,导致增压器因背压升高、空气流量减少而喘振。

(三)结论

本次事故因在故障没有解决之前的一段时间内主机被迫减速运行,耽误了航程,造成了租金损失,同时对轮机管理人员造成了大量的额外工作量。但深究原因却发现引发这一问题的只是一个并不复杂的小毛病。因此从人为因素及管理方面的原因值得探讨。

轮机部人员内部沟通不畅。在整个故障发生期内大管轮对于主机发生了故障都没有联想到自己在港期间对凸轮轴油泵进行了轮换,也没有将此情况对轮机长汇报,使得在分析故障原因时陷入误区。由此可见及时准确的传递相关信息对轮机管理的重要作用。

判断力、注意力和理解力较差。在查找故障时未能找高压油管路压力波动,大多是管路内有空气这一关键故障现象进行深挖。考虑影响因素不全面,全部注意力集中到了主机本身的问题而未考虑主机的辅助设备故障也会导致同样故障现象,比如本次故障时未顾及使用哪一台凸轮轴油泵及其压力、油量和油质。而高压油管路内的空气,最有可能来自凸轮轴油泵。

责任心欠缺及机舱工作制度执行不力。实际上2#凸轮轴油泵因有故障“已很久未用”并已列入预防检修计划,但损坏后却未能及时修复,暴露出船上未按时执行预防检修计划;公司管理部门未严格审查运转小时报表和严格监督船舶预防检修计划的执行情况,不知道该油泵“已很久未用”和未及时检修。在此情况下大管轮离港前居然还换用此缺陷泵,体现了责任心的严重不足。整个事件中都是由于信息沟通不畅、执行不到位、监管不力造成的,其实完全可以避免。

三、某油运公司某轮机损案例分析

(一)事故简介

某年某月某日,该轮第6航次(主机型号B&W5K45GF)航行至某海域。1010时值班三

管轮到机舱进行巡回检查,1030 时结束,检查结果正常。1040 时值班机工到机舱进行巡回检查,抄录工况参数,1050 时检查完毕,一切正常,遂回到集控室记录参数。主要参数如下:主机油门刻度 56.5,转速 191r/min,进机油压 0.2MPa,凸轮轴油压 0.42MPa,水温、油温均正常。1110 时左右,主机增压器突然发生严重喘振现象,随后主机在不到 1min 的时间内自动停车。

事故发生后,值班人员立即将油门手柄拉至"0"位,并立即通知了驾驶台和轮机长。轮机长赶到机舱后立即组织轮机人员检查故障原因,发现 2#缸液压排气阀驱动器随动滚轮碎裂,排气凸轮卡死,凸轮表面严重擦伤。进一步检查喷油定时和排气定时时,发现凸轮轴连接段红套滑移,定时错乱。2300 时该轮被拖至某锚地进行抢修。

(二)事故原因分析

排气阀液压驱动器顶升机构滚轮轴承部位润滑严重缺油导致轴承滚珠严重磨损,滚轮被卡住,并与凸轮产生干摩擦,滚轮内外圈严重磨损碎裂(磨出的槽沟约深 4mm),掉下的碎块将 2#缸凸轮卡住,致使凸轮轴自 2#缸以后各段连接法兰红套滑移,定时发生错乱,造成主机熄火停车,船舶漂航。

(三)结论

(1)轮机人员责任心和安全意识不强。此次事故之前该轮曾先后发生过两次同类设备故障,最近的一次发生于上年 12 月份,但船舶仅对发生故障的 3#缸排气阀液压驱动器随动部件和排气阀油缸活塞进行了更换,没有对故障的原因进行深入探讨和分析,以及对可能造成的后果进行预测,也未采取有效预防和应变措施,以致未能避免此次事故的发生。

(2)机舱值班质量不高,巡回检查不到位。从滚轮和轴承磨损情况分析,事故发生前是有预兆的。从最近两个航次的工况看,第 5 航次 2#缸的爆压与排温均较其他各缸略高;第 6 航次特别是发生事故的当天,2#缸的排温比其他各缸低了 25~40℃。对于如此明显的异常现象,均未引起值班人员的警觉和重视。值班人员虽然在事故发生前 1h 内到机舱巡回检查了 2 次,但由于检查不仔细,仅仅是简单查看了温度、压力等,未对故障频发的主机排气阀驱动泵顶升机构加强检查,错失发现事故隐患并采取应对措施的有利时机。

(3)机务管理部门指导不力。前两次故障发生后,机务管理部门既未对故障的原因进行认真分析、研究,找出真正的原因,也未完全掌握轮机人员的业务技术状况,以致未能及时采取有针对性的预防措施,防止船舶再次发生类似的问题。

(4)轮机人员理论知识存在缺陷,业务素质有待进一步提高。除轮机长外的轮机部有关人员对机舱巡回检查的内容和方法知之甚少,对液压驱动器滑油系统的工作原理不了解,尽管主机排气阀驱动泵顶升机构经常出现故障,主管轮机员也没查阅说明书将其原理弄清楚并试图找到故障的真正原因。

(5)机舱年度预防检修计划执行不到位。计划中虽然对凸轮轴的检查都有明确安排,但轮机人员不知道怎样做,且有虚假记录。受轮机人员业务能力的限制,设备检修的目的性、有效性不强,日常检查、维护质量不高。

四、某航运公司所属某轮机损案例分析

(一)事故简介

某年某月某日该轮第0513航次。1620时该轮航行至某海域,机舱值班人员发现主机(型号为MAN10V52/55A)B3#缸防爆导门弹开,并伴有油雾、烟气喷出,遂立即停车。后经轮机长检查,发现3#曲拐箱底部有金属碎末,B3#缸缸套、活塞严重拉缸;启动主机润滑油泵压油盘车检查,油压低于0.2MPa,进一步检查发现靠飞轮端曲轴箱内第一道主轴承上盖连接的润滑油管从法兰根部断裂。

后由拖轮拖带至船厂修理。经船厂进一步检查,发现主机B3#缸喷油器顶针弹簧折断,B4#缸二只排气阀壳破裂漏水。

(二)事故原因分析

经检查该机B3#缸喷油器针阀顶杆弹簧折断,致使喷油压力过低(正常值为25MPa,事后试压为10MPa),燃油雾化不完全,大量积聚并形成后燃,导致活塞过热膨胀,破坏了该缸的润滑,造成缸套、活塞拉缸。而后燃气下窜至主机曲轴箱,进而造成B3#缸防爆导门弹开。

第一道主轴承上盖连接的润滑油管断裂系由于B3#缸防爆导门弹开、主机紧急停车时所产生的剧烈振动所致。

(三)结论

(1)机舱交接班和值班制度执行不严,不符合公司体系文件“船舶管理须知”轮机航行值班的规定。一般此类事故发生前应有明显征兆,如主机运转出现异响;B3#缸的排温明显升高;B3#缸的淡水出口温度明显上升;手模曲轴箱导门与平时比较应有明显的温差变化;观察主机的排烟,烟色必然浓黑。但由于交接班的轮机员和机工未认真执行交接班制度,对运转中的设备未进行详细检查,且值班过程中一直待在集控室,未对机舱有关设备进行巡回检查,以致未能及时发现设备运转过程中的异常情况,丧失了发现和防止事故发生的有利时机。

(2)轮机长违反体系文件规定的定期对“关键性设备检查、试验”的要求,对设备管理不力,对主要设备的技术状况心中无数。此次事故发生后,公司船舶主管对该轮主机淡水高温、机油低压报警以及机油过低压主机自动停车等装置进行检查和试验时,才发现这些装置均处于失灵状态。曲轴箱第一道主轴承盖上的滑油管断裂,也是此次事故发生后在公司主管人员的多次提醒下,经压油检查后才发现的。

(3)判断力,注意力及责任心不足。轮机长虽然在几个航次前按公司的指令对主机进行过压油检查,并发现了该处漏油,但以为是螺栓松动,仅对该处法兰的连接螺栓进行了预紧,而没有深究该油管漏油的真正原因,造成主机存在重大事故隐患。该油管如果不是因为此次主机拉缸、导门弹开,轮机人员采取紧急停车措施时产生的剧烈振动导致彻底断裂,而是在正常航行中发生断裂,将会造成更大的机损事故。

(4)部分轮机人员业务素质差、管理水平低。本次事故责任人之一的机工甚至对柴油机

部分零部件名称也说不出来。轮机长对于这些情况并没向公司汇报，说明轮机长有失监管之责。同时公司对船员上岗前熟悉职责的验证把关不严。

五、某轮主机7#缸燃油凸轮损坏案例分析

（一）事故简介

该轮主机型号：SULZER 9RTA84C；营运功率31097kW；营运转速97r/min。

该轮于某年某月出厂投入营运。某年某月某日航行中，1530时值班轮机员在主机上层检查隐约听到主机后部有"咚！咚！"的撞击声响，寻声查找后确认异常声响来自主机7#缸和8#缸凸轮轴箱处。值班轮机员回到集控室通知驾驶台把主机由遥控转至集控室操纵；通知轮机长和大管轮；同时把主机转速自96r/min降到30r/min。减速后异常撞击声依旧，只是节奏慢了下来。轮机长、大管轮下到机舱后，到主机7#、8#缸高压油泵凸轮轴箱处，打开高压油泵本体下部的凸轮轴箱上的小道门进行检查，发现7#缸高压油泵滚轮导套机构已移位90°，凸轮与滚轮呈90°交叉接触，8#缸凸轮与滚轮工作正常。经与驾驶台联系，经船长同意主机于1540时停车。打开导门盘车检查，发现滚轮局部撞碎。并磨出一道沿轴向的凹坑（尺寸：100mm×30mm×5mm）；燃油凸轮表面被拉毛和磨损约0.5mm；滚轮导套机构、滚轮、凸轮报废不能用。经请示公司后，对主机7#缸进行单缸停油、降速航行到目的港。抵港后船厂技术人员更换了凸轮、滚轮和导套机构一套，才恢复正常航行。

（二）事故原因分析

该轮是一艘出厂没有多久的新船。主机高压油泵的凸轮换向没有采用以往的整根凸轮换向方式，而采用新型单缸凸轮换向。其换向是由液压控制的分隔元件和换向臂转动而带动高压油泵的凸轮转动，靠凸轮相对位置移动来实现差动换向。

从损坏的高压油泵的滚轮导套机构中来看，在保险插销头部，有被撞击和磨损的痕迹以及导套垂直槽的损坏痕迹表明，该事故的原因主要是由于导套保险销紧固螺丝在出厂时未上紧，而且保险销均未用钢丝保险。这样该机构在船舶进出港或者在机动操纵时，频繁正、倒车，滚轮也频繁动作和主机运行中导套上下运动、振动，引起固定螺丝松动，时间一长，保险插销移位，导致运行中滚轮窜动和撞击，造成滚轮局部撞碎，滚轮导套移位损坏和凸轮拉毛、磨损的事故发生。

（三）结论

（1）该事故是由于船厂的失误引起，但相关人员要在工作中注意加强监督检查，对于存在的问题要及时联系厂方予以解决。

（2）该公司近几年所建造的船舶，主机（低速二冲程RTA柴油机）的换向机构大多采用此机构。公司内部进行情况通报，轮机管理人员需充分利用相关资源，利用合适时机检查该机构的保险情况，杜绝发生类似事故。

（3）当船舶主机、发电原动机在运行中发现运动部件有不正常的敲击时，在场的轮机人员应尽早采取措施或停车检查。切忌延误时机而致事故扩大，造成更大的损失。

第三节　船舶发电机相关案例分析

一、某轮发电原动机不能停油故障分析

（一）事故简介

发电原动机型号：DAIHATSU 6BSHTB-22，370kW，720r/min。

该轮在某港锚地待命，1310时轮机员带领两名机工对2#发电原动机进行常规保养，检查项目包括曲轴箱内部检查和进排气阀间隙检查、调整。1630时工作完成进行冲车试验，检查无异常，就关闭示功阀准备启动运行试车。当轮机员把调速器置于启动位置，按下起动按钮，发电原动机运行后就高速运转发生飞车现象，轮机员迅速把调速器手柄拉回停车位置（零位），但发电原动机仍停不下来，就立即去关闭燃油进油阀，并用扳手将各缸高压油泵柱塞抬起强制停止供油，发电原动机才停了下来。事后在轮机长带领下，对2#发电原动机进行全面检查，先打开曲轴箱，发现部分连接螺栓断裂，发电原动机盘车盘不动，发现1#、3#、4#、5#、6#缸连杆轴承有不同程度损伤，6#、7#道主轴承已拉毛损坏，需要换新，发电机转子与定子擦碰损伤需要进厂修理。此次事故造成该台发电机组停用相当长的时间，并造成额外进厂的费用，不但带来经济上的损失，而且对航行安全也构成潜在的威胁。

（二）事故原因分析

为了弄清该机不能停油的原因，对系统做了详细的检查，并对本机的液压调速器进行拆检后发现设备原因为以下两个方面。

（1）本应靠旋转产生离心力而压缩弹簧进而改变油量的调速器的一只飞重的销子断掉，使飞重脱落，使其失去推力而不能控制油门，导致该发电原动机调速器失效，所以发电原动机就持续在起动大油门下运转而没法根据转速要求减少供油，最后发展为飞车。

（2）本应在发电原动机飞车情况下执行安保动作的超速保护装置失灵，没有起到应有的保护作用。最后只有通过关闭燃油阀及抬起各缸高压油泵柱塞的措施才实现了强制停车，但仍然致使飞车时间过长、损失扩大。

（三）结论

已广为人知的是故障现象绝大部分原因都是人为因素造成的，针对此事故除了分析设备自身的原因外，重要的是分析哪些人为因素可以引发此类的设备故障。因此可以从机舱资源管理相关理论来分析事故发生的人为因素并寻求减少此类事故发生率的方法。

（1）相关轮机员没有将设备说明书研究透彻，缺乏轮机知识的积累，没有对调速器按说明书要求拆检，也没对发电原动机安全保护装置的定期检查和试验，构成了典型的事故链特征。如果按规定做好每一个环节，比如说按要求拆检了调速器，发现了有缺陷的螺栓并更换，调速器就能执行正常的操作，不会出现飞车现象，从另一方面，如果超速保护装置正常，出现飞车现象时能迅速执行停油操作，这样就不至于出现连杆螺栓断裂、轴承受损等事故后果。这不仅是技术问题，还是是否有良好的工作责任心及工作态度问题，培养良好的情景意

识能有效改善这种情况。

(2)在本次事故中相关轮机员对发电原动机发生故障不能停油后采取的手动关闭油阀及人工抬起油泵柱塞的紧急措施,避免了该发电原动机出现“伸腿”等更具有破坏性的设备故障和人身伤亡事故,这样的行为是某一方面良好的情景意识的体现。这样的情景意识体现在该轮机员在工作中注意力相当集中,有特殊情景的预想,当面对紧急情况时能有效收集现场的信息,评估当时的环境,采取了有效的且最“应景”的措施。

二、某轮发电原动机曲轴事故分析

(一)事故简介

此曲轴故障的发电原动机型号为:DAIHATSU 6PSTC-26D。某月某日,该轮航行于公海上。1400时轮机员在巡回检查时发现并车运转中的2#发电原动机有异常响声,立即起用了备用发电原动机,随后将2#发电原动机解列并停车。待温度降低后打开2#发电原动机导门检查,发现曲轴箱内部有金属粉末。进而吊缸检查发现2#缸连杆大端轴瓦磨损严重;曲柄销表面粗糙、有划痕;测量其椭圆度误差和圆柱度已超过说明书规定的标准。

船员对该缸曲柄销表面用油石打磨和帆布抛光后,换了备用连杆、螺栓和新轴瓦,装复后空载运转2h,拆检发现新瓦偏磨。再次对曲柄销表面进行油石打磨和帆布抛光处理后,又换上新瓦试车,再检查情况依旧。最后船上的备用轴瓦全部用光,还没能恢复正常。

该轮回到国内,曲轴进厂翻修后,问题才得以解决。

(二)事故原因分析

(1)造成轴瓦偏磨的直接原因是曲柄销椭圆度误差和圆柱度超标。但引起曲柄销椭圆度误差和圆柱度超标的原因则是因为该机连杆螺栓使用时间近30000h,而设备说明书规定连杆螺栓工作时间达到20000h后不管其外观是否能看出异常,都应该换新。故障发生时连杆螺栓使用时间已超过规定换新时间较多,因此连杆螺栓不可避免地出现弹性变形和疲劳,造成紧固力不足,加剧了连杆大端轴承接触齿间的磨损,形成椭圆度误差和圆柱度,无法保证有效的润滑油膜。在交变压力作用下,局部干摩擦造成轴瓦异常磨损,同时也使曲轴曲柄销表面粗糙、有划痕,继而引起椭圆度误差和圆柱度变大,进一步加速磨损。

(2)鉴于船舶维修设备及维修技术的限制,靠船员用油石打磨和帆布抛光的自修方式来手工打磨曲柄销,不仅曲柄销表面的光洁度及硬度难以达到设计要求,其椭圆度误差和圆柱度超标的情况也无法通过这些修理手段让其恢复到说明书规定的范围内。这也是修理完成后即使在空载的情况下刚换上的新轴瓦又快速磨损的原因。

(三)结论

(1)主管轮机员业务素质和科学管理水平欠缺。没有按照发电原动机说明书的要求,在达到规定的运行时间后采取更好措施为后续的故障埋下了隐患。出现了故障后并没有采取最合理的应对措施,在以船上现有条件无法修理的情况下,并没有寻求获得公司的帮助,而是蛮干“把小病治成大病”。这也是不能很好利用各种资源的体现。

(2)判断力、注意力和理解力差及工作责任心不足。吊缸并未严格按照说明书的规定要求,认真做好各项检测工作。更谈不上对检查数据的分析判断来确定设备的状态。检测时除了测量缸套、活塞和活塞环常规项目之外,决不能忽视对其他部件的检查测量。

①测量螺栓伸长量,有异常状况坚决换新;换装新的连杆螺栓之前,要认真测量核对;装复连杆螺栓要严格按照说明书要求的操作方法和规定力矩上紧。

②测量曲柄销外颈,及时发现椭圆度误差和圆柱度误差的变化;检测连杆大端轴承座的椭圆度误差和圆柱度,如超过规定,要及时翻修或更换连杆。

三、某轮发电原动机拉缸事故

(一)事故简介

该轮发电原动机两侧导门盖板破碎脱落,机架右侧导门框上边缘有 200mm×120mm 面积的破损脱落,缸套破碎,有拉痕;活塞破碎,并与连杆脱开,有拉痕;连杆弯曲。在曲轴箱内,发现活塞销及其两只卡簧,碎断的活塞油环及其严重变形的弹簧。

(二)事故分析

根据残存在缸套和活塞上的拉痕的特征,可以判断是拉缸进而咬缸使活塞破碎、连杆与活塞脱开,然后失去活塞约束的连杆被曲轴带动,往复运动击碎残存的活塞,平面摆动击碎缸套、机架和导门,并致连杆弯曲。

经检查淡水、滑油和海水系统未发现异常,轮机日志记载的滑油压力、油温和水温均没有明显变化。拉缸的痕迹不在活塞销孔方向;一只卡簧几乎没有损伤,另一只虽有变形,但无挤压和摩擦的痕迹;活塞销两端没有摩擦痕迹。所以,可以排除活塞销卡簧脱落导致拉缸的可能。而残存的全部油环弹簧,或被压扁,或被拉直,或严重磨损。由此断定,是活塞的油环因故断裂,碎断的活塞环和油环弹簧卡在活塞与缸套之间(不确定方位),造成拉缸;拉缸加大活塞与缸套的摩擦,并升高活塞与缸套的温度;活塞与缸套的升温热胀,进一步加剧摩擦而咬缸,直至活塞在受拉力最大、强度最薄弱的活塞销上方被拉断。然后引发后面的连锁反应,造成该机重大机损事故。

(三)结论

本次事故与轮机管理人员的情景意识的缺乏有直接关系。

(1)轮机人员经验严重不足。本机使用的活塞和活塞环,没有按要求从原机生产厂家或其认可的供应商处购买,而是在目前尚不规范的市场上买的便宜货,这是一个极大的隐患。相关人员经验匮乏,意识不到正品备件、备品与其他看似一样的备件、备品之间的性能极大的差异,以及使用后所带来的影响。

(2)主管轮机员业务素质和科学管理水平欠缺。轮机员没有按说明书规定的磨损极限更换活塞和活塞环,油环磨损超标仍继续使用。未及时调换雾化不良的喷油器以保持良好燃烧,加快了活塞环和环槽积炭生成,导致活塞环断裂。

(3)责任心不强。值班轮机员缺乏情景意识,巡回检查不细致,对不明原因的油门增大

和排气温度升高、单缸冷却水温度升高等拉缸先兆并没察觉，也没对拉缸过程可能出现的异常声响有任何反应，各种可能诊断出故障的特征均被忽略，更谈不上及时采取合适的处理措施。未定期检查曲轴箱，及时发现活塞与缸套的异常磨损和曲轴箱内异常沉淀物；未及时发现滑油脏污并及时净化和换油，未保证缸套和活塞环的良好润滑等也是与轮机管理人员相关的技能和意识的缺乏有关。

四、某轮因发电原动机误操作引发的海损事故

（一）事故简介

某轮发电原动机型号：DAIHATSU 6PSHTB－26H，720 r/min。某月某日晚，在港装完货离港。2321 时，驾驶台通知机舱"主机开海上速度，准备定速"。机舱值班三管轮按照正常航行的要求，将并联运行的 3#发电原动机的负荷转到 1#发电原动机，再对 1#发电原动机的频率做了调整，随后想停下 3#发电原动机，却错把正常供电的 1#发电原动机停掉，造成全船失电。应急发电机组自行起动供电。二管轮发现全船断电迅速奔进集控室又重新起动 1#发电原动机，合闸供电，起动为主机服务的各泵；轮机长把应急自动停车按钮复位后，仍由驾驶台遥控操纵主机。该轮失电时正在左转向，舵叶停在左舵 3～4 度位置。船舶失控后左转并朝着锚泊的"××轮"而去。虽然恢复供电后，驾驶台立即用车由"前进三"拉到"后退三"，但还是撞上了"××轮"，造成海损事故。

（二）事故分析

（1）值班三管轮误操作，停错发电原动机造成全船失电，车舵同时失效，船舶失控；

（2）驾驶人员应变能力差，贻误了时机。该轮的"应急电源能够给 1#舵机油泵供电"，驾驶台竟无一人知道。所以在应急发电机供电后，驾驶台（失电前使用 2#舵机油泵）没有立即起用 1#舵机油泵，利用船舶的余速调整航向，进行避让。

（三）结论

这是一起非常典型的人为因素导致的事故。船上人员若具备良好的情景意识及资源管理能力将杜绝此类事故的发生。

（1）判断力差、注意力不集中及工作责任心不足。值班三管轮犯了严重的操作错误，在发电机解列后并没确认哪台发电机将被停止工作，错误地把正在供电的 1#发电原动机终止运行，直接造成全船失电。

（2）业务素质欠缺。值班轮机员在停掉 1#发电原动机，造成失电时 3#发电原动机正处于空转状态。他只要把 3#发电原动机合闸，即可立即恢复供电。而不需要（二管轮下机舱后）再重新起动 1#发电原动机，延误了时间。时间上的耽误进一步扩大了潜在事故的可能性及损坏的严重程度。

同样值班驾驶员也存在业务素质欠缺的问题。首先船还没离开锚地，驾驶台就过早下达正航命令是不妥当的做法，显然没有预判潜在的危险因素。更重要的是驾驶人员应该非常清楚船舶应急电源可以为两台舵机中的一台提供应急供电，也就是可以提供紧急的操舵

能力,除此之外还应知道应急操纵舵机转换方法。值班驾驶员在应急发电机起动供电后,就应该立即完成转换,恢复操舵能力,而不是像事故描述中"某轮失电时正在左转向,舵叶停在左舵 3~4 度位置"的这种情况。如果这样事故或许可以避免。

(3)轮机长安全意识不强。根据船舶操作规程,船舶在离靠码头或在航道上,机舱备车航行期间,轮机长应按规定在机舱指挥,尤其是在三管轮当值,轮机长更要坐镇机舱,确保安全。

五、某轮发电原动机 2# 缸连杆"伸腿"事故

(一)事故简介

发电原动机型号:WARTSILA,4L20620kW;900r/min。

该轮为集装箱班轮。某月某日在港卸货,1629 时,2# 发电原动机 2# 缸突然发出强烈的敲击声,滑油低压报警,发电原动机自行停车。轮机长组织人员进行吊缸检查,发现 2# 缸活塞掉入曲柄臂之间,使曲柄臂外张变形,连杆大端脱落,敲坏缸套及导门,俗称连杆"伸腿";由于高速旋转的曲轴突然被掉入曲轴箱的活塞卡住,在惯性作用下,飞轮与曲轴连接的 8 只螺栓全部被剪断。

该发电原动机在半年前曾做过常规吊缸检修,此次吊缸保养距前次吊缸运转时间为 8512h,总运转时间 17680h,事发时离最近一次吊缸保养工作只运转了 1331h。

(二)事故分析

通过对连杆和螺栓损坏情况进行分析,发现该连杆大端的螺栓螺母安装时上紧不规范,是造成连杆伸腿的原因如图 8-1 所示。发电原动机运转中先是连杆上部的螺母松掉脱落,造成下部单根螺栓压紧,连杆大端的轴承盖上部随着发电原动机运转而做张开、合拢的往复运动,使上部连杆螺栓先断裂,然后下部连杆螺栓断裂,连杆大端的轴承盖脱落,造成了连杆"伸腿"。

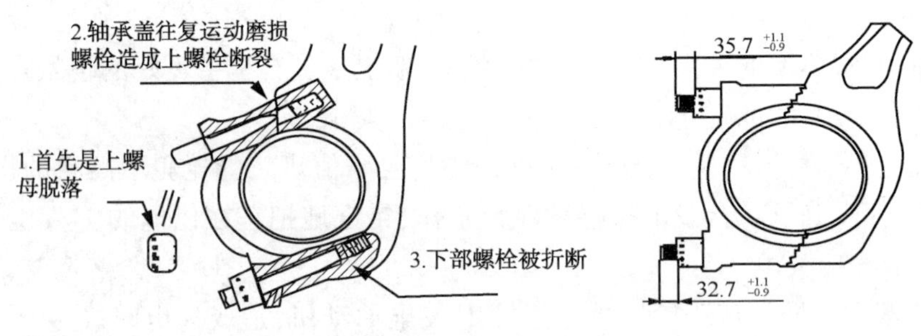

图 8-1　连杆大端

连杆螺栓、螺母安装上紧不规范操作包括以下几个方面。

(1)船员凭经验在拆检之前做好"标记",然后按照"标记"进行安装,没有按照说明书的要求测量连杆螺栓上紧后螺纹暴露在外边的伸长量。

(2)船员安装时没有按照说明书要求分两步把连杆螺栓上紧。

(3)拆检前就发现液压工具的压力表不能归零,相差 8MPa,却没有及时更换压力表,造

成泵油误差,螺栓螺母没有上到位。

(4)螺栓螺母上紧前,没有把螺纹处清洁干净。

(三)结论

(1)安全意识不强。轮机员在检修过程中可能未严格按说明书规定的要求操作,比如仅仅凭经验对连杆螺栓上紧,而未参照说明书的要求来进一步测量并确认完成情况,为此次事故埋下隐患。

(2)主管轮机员经验和业务素质不强。对刚吊缸检修过的发电原动机,应认真进行试车,且说明书明确规定,运转50h后应停车检查各缸连杆螺栓螺母是否有松动迹象。事故前的吊缸检查明显没有执行这一要求。

(3)责任心有欠缺。值班人员应对发电原动机运转中的全面检查,及时发现油、水温度、压力的变化以及运转声音的异常情况。应能根据润滑油压力下降、导门有漏油现象和轻微的敲击声等“伸腿”的先兆提早发现发电原动机可能要出现的问题,提早采取措施,避免或减少损失。

六、某轮两台主发电机意外烧毁

(一)事故简介

该船发电原动机型号:B&W 6T23LH,500 kW,750r/min,发电机型号:WAB995/12f,功率:520kVA,废气锅炉型号:立式火管 IM-S6867B。

某月某日0700时该轮由某港开航,由1#和2#发电机并网供电。1219驾驶定速航行,值班轮机员完成定速操作后做巡回检查时,尚未发现异常。1315时,发现机舱上方有大量汽水犹如倾盆大雨一样落下,而且弥漫着雾汽。值班轮机员迅速赶至集控室将主机拉至停车,机工立即给驾驶台值班驾驶员和轮机长报告了情况。1318正准备停发电机时,全船失电并有一股电器烧焦气味冒出。之后,应急发电机自动起动供电,轮机人员陆续到达机舱。机舱花铁板上到处是热水,水汽腾腾,经查确定是来自上层废气锅炉。组织人员做好堵漏和清理机舱后,电机员检查发现3台发电机都已经进水,并确认1#和2#两台发电机已烧坏。

为了尽早恢复供电,轮机部人员一方面对3#发电机及汇流排等部件进行清洁、烘潮,一方面对主发电机组服务的海、淡水泵马达等以及为主机航行服务的泵浦等设备进行绝缘检测。2000时,3#发电机绝缘升至5MΩ,配电板绝缘升至2MΩ,即起动3#发电机组供电,2110时,起动主机续航,去目的港进厂修理。

(二)事故分析

该轮是一艘近二十年的老龄船,废气锅炉水腔下部锈蚀严重。主机定速航行后,主机废气能量增加,废气锅炉蒸发量突增,蒸气压力也迅速升高,废气锅炉水腔下部产生裂缝及烂穿,致使炉水喷出,使三台发电机全部进水,造成运行中的1#和2#发电机线圈短路烧毁事故。

(三)结论

(1)经验欠缺。该船为老龄船,部分设备已达到使用年限。对本船这样技术状况欠佳的老龄锅炉,应适当降低其使用压力。轮机员应严格做好对船舶炉水的化验、处理及监测工作,并认真做好记录。

(2)业务素质不强。船舶厂修期间,应认真对安全阀的开启、关闭压力进行检测调试;认真做好对辅锅炉、废气锅炉的内部清洗、检验、试压,对锈蚀或损伤部分超过标准的,应及时修理或更新。这样才可以提高设备的可靠性并延长使用寿命,尤其是对于老龄船更应加强检查和测试。

七、某轮应急发电机故障,船舶失去动力

(一)事故简介

该船发电原动机型号:CXZ-WARTSILA 4R22/26,功率:507kW,转速:720r/min。

应急发电机型号:发电机型号 IFC6-284-4SA82,原动机型号 MWM D234 8V。

某月某日该轮在码头卸货,1330 时 1#发电原动机 1#缸排烟温度过高,转速剧烈波动。值班机工电话告知二管轮和安全班三管轮,二管轮通知机工起动 3#发电原动机,自己赶到集控室准备配电。但 3#发电原动机起动后转速上不去,而此时 1#发电机组上的负荷已自动转移到 2#发电机组,引起 2#发电机组负荷过大,增压器发生强烈喘振,随后 2#发电机组自动跳闸,全船失电。1#发电原动机和起动后转速一直上不去的 3#发电原动机,也因失电后断油而停车。此时应急发电机自动起动供电,因应急配电板上没有发电原动机燃油供油泵单元电源,3 台发电机不能用重油起动,就改用轻柴油起动两台发电机。大约 10min 后 1#发电原动机和 3#发电原动机又因各缸排温波动大,自动停车跳电,应急发电机又自动起动供电。

1900 时,应急发电机因过热咬死,自动停车,全船又失电。失电以后,因发电原动机故障还没能找到,而轮机人员反复多次起动发电机,使空气瓶内压力过低,造成船舶完全失去动力、必须靠外界提供动力电源才能起动发电原动机。

2100 时,船长向公司汇报,请求外界支援。经公司多方联系。于次日 0130 时,由船厂派移动式发电车向船上供电,船上起动空压机向空气瓶充气,启动辅锅炉,直到 0500 时起动 1#、2#发电机组成功(3#发电原动机还是起动不了)。0600 时改用船电运行,0930 时上引水、开船,延误船期达 16h。

(二)事故分析

(1)卸货中发电机负载变化大,1#发电原动机 1#缸高压油泵卡死在大油量位置,排烟高温,造成转速大幅波动而影响频差,负载转移到 2#发电机组,使 2#发电机组过载跳电。

(2)发电原动机换用轻柴油起动后,运转一段时间又停车,是因轻油日用柜长时间没有放残水,混有水分的柴油进入发电原动机油路,导致发电原动机停车、跳电。

(3)机舱人员在忙乱中,没有注意应急发电机的运行情况,应急发电机在冷却风门没有打开的情况下,运行几个小时,造成高温咬死停车。

(4)船员在未查出发电原动机起动困难(柴油系统中有残水)原因的情况下,盲目地反复起动发电原动机,把气瓶起动空气用尽,造成船舶丧失自救能力。

（三）结论

（1）轮机员安全意识较差，业务能力较弱。不熟悉机电设备的技术性能和操作规程。没有认真做好对机电设备的每一项日常保养工作，尤其忽略对应急设备的维修保养，也未按规定进行效能试验和应急演练，应急情况下的处置能力低下。

（2）轮机长在机舱发生应急情况时，没能沉着冷静地指挥轮机部全体成员，做出紧张有序，协调一致的反应。

第四节　船舶辅助设备故障案例分析

一、某轮辅锅炉缺水烧损

（一）事故简介

该船辅锅炉型号：SKV－15（直立式水管）、蒸发量 1500kg/h、油耗 150kg/h、受热面积 45m^2、工作压力 0.4MPa。该轮是一艘全集装箱船。某月某日停靠在某码头装卸货，1115 时，值班机工巡回检查时，发现辅锅炉外壳冒烟，炉体上、人孔导门及排烟管处烧红。立即停炉并打电话报告轮机长和三管轮。轮机长等人赶忙下机舱，待辅锅炉冷却后打开导门，检查发现炉膛内胆左右两侧已向中央塌陷变形，上部水管下沉，锅炉烧损严重，只能进厂修理解决。

（二）事故分析

该轮具有 AUT-0 船级符号，本应具有实现无人机舱的能力。在事发前辅锅炉自动插板已发生损坏，无法自动补水。因为该类型锅炉已经停产，制造厂一时无法提供备品。只得对辅锅炉采用人工定时补水，规定每隔 15min 由当班机工到炉旁手动补水一次。这样就要安排 24h 内机舱有人值班。考虑到人手少，工作安排比较紧张，而且辅锅炉在上层，每 15min 就要跑上跑下一次，很不方便。公司安技部门曾安排修理部门上船，对辅锅炉的自动补水做过改装：因损坏的原插板被拆除，高、低水位报警点的信息源已无法使用，就选用“最低危险水位”的信号来控制时间继电器，进行定时补水。设定时间继电器的延时为 6s，若 6s 后装置还不进行补水，就会执行切断燃油停炉的安全保护措施。改装后曾多次试验，补水均正常。只是集控室内辅锅炉的所有报警显示（除了给水泵的工作指示灯仍能显示外）全部失效。自改装之日起恢复无人机舱。由于“最低危险水位”是辅锅炉的最后一道安全保护防线，一旦发生故障失灵，后果将十分危险！

经查，这次事故正是由于改装后的控制（时间）继电器发生故障，没有及时补水，也没能切断燃油停炉，造成辅锅炉“干烧”损坏。

（三）结论

（1）安全意识淡漠，业务素质低下。该公司船、岸机务人员不重视钢质海船建造规范，也没充分理解船级证书中 AUT-0 的含义。擅自改装，将锅炉的水位控制与燃油切断停炉的安全保护功能用一个控制设备，并取消了低水位报警功能，完全不符合钢质海船建造规范的相关要求，从一开始就埋下隐患。使用最低危险水位的信号来控制时间继电器去实现定时补水,使辅锅炉处于毫无安全保障的危险状态。断水烧损是早晚的事。

(2)轮机长操作和领导技能差。在错误的前提下没有做到对相关设备的加强检查,在改装后的辅锅炉报警系统的功能丧失,已经不符合无人(值班)机舱的要求下,仍然同意恢复无人值班制度。这进一步导致值班船员思想麻痹,放松了对辅锅炉系统的检查和管理,最终造成了严重的后果!

二、某轮废气锅炉着火烧塌损坏

(一)事故简介

该轮废气锅炉型号:NISHIDA FORCED CIRC NFE-120。

某月某日该轮在航行中,废气锅炉突然大量漏水,高温的炉水直接喷洒在机舱内。为了避免喷洒的热水威胁值班人员和机电设备的安全,经船上研究,决定采取说明书中认可的断水措施,坚持航行到下一港口再修理。

但在开航后不久,废气锅炉又突然着火燃烧起来。船上采取了紧急停车、外围冷却、向废气锅炉给水、加强循环等措施,但火势仍然不灭,最后导致废气锅炉被烧塌。

经全面检验、确认,这次事故使废气锅炉内超过半数的管组严重烧毁熔化,上层管组中间部位发生下塌,两旁管板也有不同程度的熔化。船公司联系国内锅炉制造厂,预制新的管组 16 组,该轮于次年回到国内,在进厂坞修期间安装妥当。

(二)事故分析

船员对废气锅炉的日常维护保养工作不到位,造成管件强度降低,废气锅炉内炭灰积存太多。这些炭灰被主机排烟引燃。在这些炭灰燃烧的过程中,废气锅炉内的管组中的薄弱部位先被烧损漏水。而停掉水泵,在废气锅炉断水后,尚未烧完的大量炭灰继续燃烧,废气锅炉成了“炼钢炉”,致使大量管组被烧熔。

(三)结论

(1)安全意识和工作责任心不足。主管轮机员未严格按照废气锅炉日常管理规定要求,认真做好炉水处理、烟道吹灰、定期检查、内部清洁等各项养护工作。酸性腐蚀造成部分管组强度下降,同时烟道内积碳过多进一步助燃。

(2)业务能力和训练不足。为废气锅炉供水的炉水循环泵应在备车航行时就开启循环,以避免热应力损伤管件。注意维护保养工作,确保废气炉管组前、后的 U 形压差表的正常使用状态。这个压差可以说明烟道的通畅情况(即废气锅炉内烟灰积聚的程度)。主机长时间低速运转,废气锅炉最容易脏污。要加强吹灰,并注意提高吹灰的实际效果。

(3)适应性和经验欠佳。实践证明,对高密度管束结构的高效废气锅炉,在任何情况下都不应该干烧。说明书介绍的“允许干烧”是纯理想状态条件下的结论,这些理想条件包括锅炉构件没有水垢、腐蚀,烟道没有任何缺陷阻力,没有积存的烟灰碳粉等任何可燃物等,这些只能在新锅炉时才能具备,实际上船上相关人员在做按说明书所谓的“认可的断水措施”时并没有能理解认可的断水措施的条件(有条件“干烧”)。特殊情况下的应急操作务必保持足够高的警惕。

三、某轮克令吊油泵损坏事故

（一）事故简介

该轮克令吊型号：FH，额定起重：25t。

该轮在港卸货期间，1#克令吊系统的油温温升过高，回转塔内冒烟。操作工人见状离吊，船方迅速补油，致使克令吊油泵急剧降温，油泵泵壳产生裂缝，严重漏泄。

（二）事故分析

该克令吊系统液压油的冷却系统，由独立的开关控制。开关分为“自动”和“手动”两档。置于自动位置时，油温传感器根据系统油的油温自动起停冷却风机；置于手动位置时，系统油的油温传感器不起作用，必须由人工手动按起停按钮。

上述发生故障的1#克令吊在卸货运转期间，冷却控制开关被置于“手动”位置，操作的工人没有启动冷却风机，使克令吊在运转中系统油油温一直升高，高温先造成密封件损伤，系统油向外渗漏，使油量减少，直到过热冒烟。船方只担心发生“待时”责任，没有等克令吊液压油温度自然降温后就进行补油，致使原来很热（冒烟）的泵壳突然受冷、急剧降温，过大的热应力使油泵泵壳产生裂缝、漏油。

（三）结论

（1）经验和训练不足。轮机主管人员（三管轮和电机员）本应熟悉设备的安全保护设施和安全维护要领。在克令吊内部明显部位已张贴安全操作说明，供使用者遵守。同时在正常操作的情况下应该保持选择开关置于“自动”位置。主管人员应考虑到码头克令吊操作工人的素质参差不齐，也不能指望这些工人能执行正确的完整的操作程序。

作为使用者的甲板值班人员，应该懂得克令吊的安全操作方法，并能向装卸货操作的码头工人介绍、示范，并在值班中能注意监督和纠正工人的违章操作行为，确保甲板机械的安全使用。

（2）适应性和判断力差。相关人员在设备出现过热的情况下，缺乏情景预判，没有想到应该等到设备温度下降到一定程度才能补油，否则过大的温度差极有可能带来过大的热应力而破坏设备。

四、某轮油水分离器事故

（一）事故简介

该船主机 B&W 7L67GF，功率 9630kW。

油水分离器型号：UST-30N 油分计型号：FOCAS-1500A。

某月某日，1135～1315 时，K 国港口水警到该轮进行针对性的防污染检查。该轮被检查的油水分离器无明显缺陷。随后，检查官强行要求将油水分离器的出海管路拆下检查，发现该管内壁有油迹。为此，该轮被重罚。

（二）事故分析

该轮返回国内后，公司派员登船现场调查，仔细分析了船上的事故报告和在 K 国港口水警检查报告，询问了轮机长、三管轮等相关人员，并对油水分离器进行仔细检查和试验。结论是油水分离器无任何异常，报警装置亦正常。

根据该轮污水管系布置，有三种可能会造成油水分离器的出海管路内壁有油迹：

(1)另有与污水出海管路旁通的污水管路，现已用盲板封死。

(2)未通过 15mg/L 排油监控装置，而强行提起控制排放的三通电磁阀向舷外排放。

(3)油水分离器的出海管路内壁的油迹乃年久积累。

通过操作试验，否定第 2 条；再现场查验旁通管路盲板及法兰连接螺栓现状，根本无松动迹象，也可以否定第 1 条。因此，油水分离器的出海管路内壁的油迹，只能是第 3 条原因所致。

(三)结论

(1)适应性及心理素质较差。对 K 国港口防污染专项检查准备不足，缺乏处理突发事件经验，船员英语表达能力差，不能与检查官进行有效的交流、沟通，不能将本船设备状况准确地解释清楚。

(2)经验与训练不足。MARPOL73/78 防污公约要求，船上应将污水泵直接通海的管路，做永久性封死，即用电焊焊死。但本船仅仅用盲板隔离处理，整改措施不到位，给检查官留下了一定的口实。

第五节　船舶安全事故案例分析

一、某轮机舱火灾事故(一)

(一)事故简介

某月某日 1455 时，该船离开某码头航行前往某平台作业区。次日 0200 时，到达该作业区，先后靠泊多个平台卸货。0825 时，平台通知该船巡航待命。该船停 1#、2#和 4#主机，留 3#主机巡航待命。机舱值班人员为三管轮和机工。1045 时三管轮进行机舱巡回检查，三管轮巡回检查 15min 后，回到集控室。1105 时三管轮离开集控室到餐厅吃饭，安排机工在集控室值班。1114 时船上火灾报警响起，值班机工立即联系驾驶台，询问火警报警区域，值班驾驶员回复是机舱火警并报告船长。1115 时三管轮和二管轮听到火警后赶到机舱，三人打开集控室门，看到 3#主机增压器上方有明火和浓烟。三管轮向驾驶台报告，二管轮和机工取下过道的灭火器到 3#主机处灭火。1116 时轮机长和大管轮赶到机舱集控室。这时二管轮和机工使用手提式灭火器已无法有效灭火，回到集控室向轮机长报告火势情况。轮机长安排二管轮停 3#主机，切断主机燃油供油，大管轮启动左发电机组，并报告船长。1118 时船长在驾驶台鸣放消防警报，通知轮机长组织人员到现场探火和灭火。1120 时船长向油田和兄弟船舶报告该船机舱火灾情况。1122 时油田通知该兄弟船舶到该船旁边守护待命。1127 时船长向船公司调度室报告机舱火灾情况。1130 时大管轮和值班机工回到集控室向轮机长报告，看到 3#主机排烟管上方有约一米宽的明火，因烟雾太大，无法靠近灭火。轮机长将此情况报告船长。1132 时船长通知轮机长和大副做好释放机舱固定式二氧化碳的准备，所有人

员撤离机舱。轮机长安排切断电源,停止所有运转设备,关闭燃油速闭阀、机舱通风口及机舱水密门。1141 时清点人数,所有船员已到后甲板集合。轮机长、大副向船长报告已做好释放机舱固定式二氧化碳各项准备。1142 时船长命令释放机舱固定式二氧化碳进行灭火,1144 时机舱固定式二氧化碳释放完毕。1430 时安排探火人员从机舱水密门进入机舱探火,1440 时探火人员回报,确认机舱火已经熄灭,无复燃可能。1540 时打开机舱水密门及甲板通风口进行自然通风,继续监控机舱情况。1710 时经详细检查,机舱做好供电前的各项安全、应急消防准备。1723 时全船恢复供电,并对火灾损坏情况进行全面检查和评估。2200 时,经检查评估。1#和 2#主机未受到火灾影响,可以正常使用。次日 0645 时启动 1#和 2#主机,单桨启航返航。

(二)事故分析

经检查发现,3#主机的一根排烟管固定杆一端脱落掉在燃油泵压力表连接管(Φ8 不锈钢管)上,固定杆与该压力表连接管随着船舶的振动相互摩擦,导致该柴油管磨穿,压力为 0.3MPa的柴油喷至排烟管引发火灾。

(三)结论

(1)客观原因。本轮柴油管位于柴油机排烟管下部,离高温热源很近,该管路有任何损坏将导致火灾。同时该油管位置不在视线直接观察的范围之内,不太容易重视。

(2)经验和训练不足。由于该油管是不锈钢材料做成,单次航行时间也不长,因此要被磨破也非一日之功。机舱紧固件锁紧螺母会在持续的振动中松脱是一种很常见的现象,因此要勤于检查。同时在完全磨破之前有一段时间的渗漏期,应该有明显的油迹,如果巡回检查细心负责一些,定能发现事故征兆,避免后续事故。

二、某轮机舱火灾事故(二)

(一)事故简介

船舶概况:船长 189.94m;船宽 32.2m;型深 16.6m;载重吨 47377DWT。

主机型号:B&W 6L67 MCE;发电原动机型号:WARTSILA 6R22/26。

某月某日,该轮第 53 航次从甲港开往乙港装货。

0548 时,发电原动机燃油压力低压报警,约 30s 后火警警报出现,显示机舱 1#发电机组顶部及排烟管着火。0549 时机舱报告驾驶台;随即驾驶台发出火警警报,并向全船广播了机舱着火的消息。

0553 时,全船失电、主机停车。

0554 时,船长命令机舱人员撤离,机舱风、油应急切断,关闭通风装置。

0557 时,在确认机舱人员全部撤离后,向机舱释放二氧化碳,同时起动应急消防泵向烟囱及机舱风机层的舱壁喷淋降温。

0600 时,全部二氧化碳释放完毕。

0630~0638 时和 0650~0657 时进行两次探火,确认火已熄灭,无复燃可能后,打开天窗、机舱门进行自然通风,清理现场。

0830 时,起动发电机组供电,1125 时,起动主机复航。

这次火灾损坏情况：

1#、2#发电机主电缆、控制电缆、保护系统电缆、报警装置电缆烧损；发电机输出主电缆外层有碳化物溢出；3#发电机主电缆局部也有碳化物流出。焚烧炉、机舱风机、机舱行车电缆等烧毁；

1#发电原动机调速器、增压器全部烧毁，燃油滤器螺栓断裂，发电机旁仪表板烧毁，发电机安全保护装置、自动调节装置、预润滑油泵等烧毁。

1#、2#发电原动机各压力、温度传感器及发送器烧毁。

发电原动机上方的照明电缆、插座、开关及三个火警探测器烧毁。事故发生后，公司派员随船指导船员自己修复，没有船期损失，损失备件费数十万元人民币。

（二）事故分析

该轮离港空船开航后，遭遇恶劣天气，风力8~9级，船舶剧烈颠簸，震动严重，使1#发电原动机燃油滤器的紧固螺栓（材质强度有限）断裂，燃油喷溅到增压器及排烟管上引发火灾。

（三）结论

（1）经验和训练不足。清洗拆装滤器时，要按说明书的规定要求上紧螺栓。发现漏油要认真检查密封面及垫片，不可采用加大收紧力的办法除漏，尤其这种较小直径的螺栓在过大扭矩作用时出现缺陷。一旦发现使用中的螺栓存在缺陷，应及时更换。

（2）安全意识不强。船舶航行在狭窄水道，或遭遇恶劣天气期间，机舱要加强值班，当值人员要认真巡视检查，增加巡查密度，发现问题及时处理。

（3）加强对船员的心理素质锻炼与技能培训，提高船员的应变处置能力。

第九章　实　　训

第一节　船舶离港备车

一、实训目的

通过实训,使学生掌握常规工况下船舶离港备车时的情景意识、资源的分配、分派和优先排序、通信与沟通、团队的协调和配合、领导力和决断力等相关知识和技能,并能正确操作和应用的基本能力,以满足 STCW 公约马尼拉修正案及中华人民共和国海事局海船船员适任考试评估的相关要求。

二、实训基本知识要点

(1)离港备车时机舱与驾驶台、轮机长与轮机员的通信与沟通(环境的认知;通信工具的选择;沟通方式和内容;信息的反馈)的基本知识。

(2)离港备车时轮机部团队的协调和配合(资源的分配、分派和优先排序;沟通能力;决断力和领导力;情景意识;团队经验)。

三、实训的内容及要求

(1)模拟船舶离港时轮机部团队开展备车工作,要求演习流程正确,具备船舶离港备车时的情景意识。

(2)机舱与驾驶台、轮机长与轮机员之间沟通时使用正确的通信工具;语言交流清楚和无歧义,使用标准的航海通信用语;对有疑问的决定和(或)行动适当询问和回复;沟通方式合理。

(3)团队领导能按正确的优先顺序进行资源分配,合理分配团队成员任务;有领导力和决断力;机舱与驾驶台、轮机长与轮机员之间配合良好。

四、实训的组织方法及步骤

(一)实训组织方法

(1)成员构成:3 名实训教师组成教练团队;4 名学生组成机舱团队(分别模拟轮机长、大管轮、二管轮、三管轮)。

(2)岗位分布:分别在驾驶台、集控室、机舱各安排 1 名实训教师。轮机长在集控室总体指挥,大管轮在机舱现场处理,二管轮管理船舶电站和辅机部分,三管轮管理锅炉及协助轮机长。

(二)初始情景

(1)人员情况:三管轮在集控室,轮机部其他人员不在机舱。

(2)设备情况:主机停车状态,保持暖缸;一台发电机运行,另外二台发电机备用状态;锅炉使用燃油锅炉;燃油分油机、滑油分油机停止状态;主机滑油泵运行。机舱设备在靠港期间做了常规的保养(比如清洗滤器、清洗冷却器等),机舱无正在开展的检修工作。该主机机动操纵不需要换油。

(三)实训步骤

(1)驾驶台通知机舱备车,机舱值班人员随后通知轮机长、轮机员等下机舱。

(2)轮机长在机舱指导相关人员完成各自任务,三管轮(或轮机长)与驾驶台校对时钟、车钟,将驾驶台通知备车的日期、动态及时间以及对车钟的准确时间记入《车钟记录簿》。轮机长计算燃油、润滑油存船量(油数),并报告驾驶台。

(3)二管轮对备用副机进行检查后启动,对其运转情况进行检查,确认备用副机运转正常,完成并电操作,检查配电板上电压、频率、功率分配正常。检查配电板有无异常报警,将启动副机的时间记入《副机日志》。完成以上工作后向轮机长报告。

(4)大管轮检查中间轴和飞轮周围是否有障碍物,合上盘车机盘车,并泵气缸油,注意检查盘车机电流,检查气缸油泵的供油量是否在规定值,盘车 15min 后脱开。完成以上工作后向轮机长报告。

(5)大管轮与驾驶台值班人员进行对舵工作,检查驾驶台和舵机房的舵机电源是否正常,舵机上的舵角指示与驾驶台的舵角指示是否同步,转舵速度是否符合规定要求,将对舵结束时间记入《车钟记录簿》。完成以上工作后向轮机长报告。

(6)二管轮关闭主机所有放残阀,对主空气瓶、控制空气系统放残;开启空气瓶起动空气出口阀、主机主起动阀、控制系统控制空气阀、排气阀的弹簧空气阀及空气分配器截止阀;将主空气瓶空气压力补充至工作压力上限;检查燃油日用柜油位并放残;检查配电板各仪表参数是否正常;起动燃油分油机开始分油。完成以上工作后向轮机长报告。

(7)三管轮检查膨胀水柜、锅炉、热水井水位;检查主机增压器油位,拿掉压气机滤网上的帆布罩,关掉底部放残阀;随后检查主机燃油、滑油、淡水、海水、起动空气、控制空气各系统等压力、温度参数是否正常;完成以上工作后向轮机长报告。

(8)大管轮检查滑油循环柜油位,对主机油门杆机构等加油点加油润滑;起动滑油分油机;检查滑油、淡水、燃油、海水各系统正常后起动燃油泵、主机淡水泵、主机海水泵、炉水循环泵、主机鼓风机,并检查各泵自动切换功能。检查控制台主机各安全保护功能指示灯是否正常,如有不正常进行复位操作;检查警报单元的报警记录,对现存警报进行逐项确认。完成以上工作后向轮机长报告。

(9)征得驾驶台同意后进行冲车操作,三管轮操作,轮机长指导。大管轮、二管轮注意观察各缸示功阀是否有液体喷出,检查增压器自带油泵的供油情况,并向轮机长报告。无异常后关闭示功阀,进行试车、换向起动操作。检查油门杆、换向装置及 VIT 机构动作是否正常;主机气缸内是否有异常响声;检查排气阀的行程指示杆是否动作。将每个车令记入《车钟记录簿》。

(10)将“集控”转到“驾控”,在驾驶台进行正、倒车换向起动操作,一切正常后,通知驾驶台主机备好,并将备妥时间记入《车钟记录簿》《轮机日志》。

(11)驾驶台起动主机,船舶离港,机动操纵期间,大管轮、二管轮、三管轮各自检查自己主管设备的运行情况,并将结果向轮机长报告。

(12)驾驶台通知定速航行后,轮机长再次计算油数,并报告船长。大管轮检查主机运行参数及状态;二管轮检查发电机运行参数及状态,并视电站负荷情况,卸载一台发电机组;三管轮检查锅炉情况,并视情将锅炉燃油转换为轻油,运行数分钟后,停止燃油锅炉运行。各自设备检查完毕,将结果报告轮机长。

(13)轮机长指示航行期间机舱注意事项,留下值班人员,其他人员撤离,转为航行值班。

五、实训考核要点

(1)考察团队领导是否具有良好的决断力和领导力,同驾驶台的沟通,以及同机舱人员沟通信息是否畅通,对资源的分配、分派和优先排序的能力,情景意识要有充分的体现。

(2)注意考察轮机部团队成员之间的沟通能力与配合能力,熟练使用船舶内部通信系统,以及对资源的分配,团队成员情景意识和团队工作经验要有充分体现。

(3)考察实训任务实施过程中轮机部团队是否具备情景意识,执行任务逻辑关系是否正确,对备车情景是否能重现。

第二节　船舶进港备车

一、实训目的

通过实训,使学生掌握常规工况下船舶进港备车时的情景意识、资源的分配、分派和优先排序、通信与沟通、团队的协调和配合、领导力和决断力等相关知识和技能,并能正确操作和应用的基本能力,以满足STCW公约马尼拉修正案及中华人民共和国海事局海船船员适任考试评估的相关要求。

二、实训基本知识要点

(1)进港备车时机舱与驾驶台、轮机长与轮机员的通信与沟通(环境的认知;通信工具的选择;沟通方式和内容;信息的反馈)的基本知识。

(2)进港备车时轮机部团队的协调和配合(资源的分配、分派和优先排序;沟通能力;决断力和领导力;情景意识;团队经验)。

三、实训的内容及要求

(1)模拟船舶进港时轮机部团队开展备车、完成工作,要求实训流程正确,具备船舶进港备车时的情景意识。

(2)机舱与驾驶台、轮机长与轮机员之间沟通时使用正确的通信工具;语言交流清楚,无歧义,使用标准的航海通信用语;对有疑问的决定和(或)行动适当询问和回复;沟通方式合理。

(3)团队领导能按正确的优先顺序进行资源分配,合理分配团队成员任务;有领导力和决断力;机舱与驾驶台、轮机长与轮机员之间配合良好。

四、实训的组织方法及步骤

(一)实训组织方法

(1)成员构成:3 名实训教师组成教练团队;4 名学生组成机舱团队(分别模拟轮机长、大管轮、二管轮、三管轮)。

(2)岗位分布:分别在驾驶台、集控室、机舱各安排 1 名实训教师。轮机长在集控室总体指挥,大管轮在机舱现场处理,二管轮管理船舶电站和辅机部分,三管轮负责值班,管理锅炉。

(二)初始情景

(1)人员情况:三管轮在集控室值班,轮机部其他人员不在机舱。

(2)设备情况:驾驶台遥控主机,主机定速航行;一台发电机运行,另外二台发电机备用状态;锅炉使用废气锅炉;燃油分油机、滑油分油机正在运行;机舱其他设备处于正常状态。该主机机动操纵不需要换油(对于有明确要求的港口按规定换油)。

(三)实训步骤

(1)航行中,三管轮在集控室值班,驾驶台通知主机备车,准备进港,并告知可能上引水的时间。三管轮接到通知后,立即通知轮机长、大管轮、二管轮到机舱。

(2)大管轮会同值班驾驶员对操舵装置进行检查;二管轮启动备用发电机并电;三管轮检查锅炉,测试燃油锅炉是否正常,正常后转到自动位置。工作完毕向轮机长报告。

(3)一切准备就绪,驾驶台通知具体备车时间,轮机长计算油数,主机开始减速。

(4)轮机长、大管轮会同值班驾驶员对主机遥控操纵系统和应急操纵系统进行正、倒车试验。

(5)试验完毕,控制位置转换到驾驶台控制,将相关操作记入《车钟记录簿》《轮机日志》。

(6)驾驶台起动主机后,进行机动操纵。机动操纵期间,各主管轮机员检查各自主管设备,并向轮机长报告。

(7)驾驶台通知机舱完车,并将控制位置转换到集控室,轮机长计算油数,并连同备车油数报告船长。

(8)大管轮打开示功阀,经驾驶台同意后,进行一次冲车,冲车后合上盘车机盘车,并加注气缸油,盘车 15min 后停止。滑油泵运行 4h 后可以停止。二管轮检查船舶电站负荷情况,并询问驾驶员,确认没有大功率设备使用时,解列一台发电机组,并停下来。停止滑油分油机,燃油分油机。三管轮检查锅炉运行情况,注意主机保温。检查各自主管设备均处于完车状态,并向轮机长报告。

(9)将完车时间记录入《车钟记录簿》《轮机日志》。轮机长交代抵港机舱注意事项。

五、实训考核要点

(1)注意考察轮机部团队成员的沟通能力以及对资源的分配、分派和优先排序的能力,熟练使用船舶内部通信系统,团队经验要有充分体现。

(2)注意考察轮机部与驾驶台的沟通能力和情景意识以及对资源的分配、分派和优先排序的能力,团队领导要具有良好的决断力和领导力。

(3)考察演习任务实施过程是否具备情景意识,逻辑关系是否正确,对备车情景是否能重现。

第三节　正常航行中全船失电

一、实训目的

通过实训,使学生掌握正常航行中全船失电情况下的情景意识、资源的分配和利用、通信与沟通、团队的协调和配合、领导力和决断力等相关知识和技能,并能正确操作和应用的基本能力,以满足 STCW 公约马尼拉修正案及中华人民共和国海事局海船船员适任考试评估的相关要求。

二、实训基本知识要点

(1)正常航行中全船失电时机舱与驾驶台、轮机长与轮机员的通信与沟通(环境的认知;通信工具的选择;沟通方式和内容;信息的反馈)的基本知识。

(2)正常航行中全船失电时轮机部团队的协调和配合(资源的分配、分派和优先排序;沟通能力;决断力和领导力;情景意识;团队经验)。

三、实训的内容及要求

(1)模拟正常航行中全船失电时轮机部团队恢复船舶动力的工作过程,要求训练流程正确,具备正常航行中全船失电时的情景意识。

(2)机舱与驾驶台、轮机长与轮机员之间沟通时使用正确的通信工具;语言交流清楚和无歧义,使用标准的航海通信用语;对有疑问的决定和(或)行动适当询问和回复;沟通方式合理。

(3)团队领导能按正确的优先顺序进行资源分配,合理分配团队成员任务;有领导力和决断力;机舱与驾驶台、轮机长与轮机员之间配合良好。

四、实训的组织方法及步骤

(一)实训组织方法

(1)成员构成:3 名实训教师组成教练团队;4 名学生组成机舱团队(分别模拟轮机长、

大管轮、二管轮、三管轮)。

(2)岗位分布:分别在驾驶台、集控室、机舱各安排1名实训教师。轮机长在集控室总体指挥,大管轮在机舱现场处理,二管轮管理船舶电站和辅机部分,三管轮负责值班及管理锅炉。

(二)初始情景

(1)人员情况:三管轮在集控室值班,轮机部其他人员不在机舱。

(2)设备情况:主机定速航行;一台发电机运行,另外二台发电机备用状态;锅炉使用废气锅炉;燃油分油机、滑油分油机正在运行;机舱其他设备处于正常状态。

(三)实训步骤

(1)船舶在正常航行,突发全船失电,值班人员将主机油门置于"零位",立即通知驾驶台并迅速起动备用发电机恢复供电(如是自动化电站会自动起动备用发电机)。同时通知轮机部人员下机舱。

(2)如果备用发电机不能起动(例如备用副机起动空气压力低、机旁起动操纵手柄未放在遥控位置等),应急发电机起动后,首先给导航设备和舵机供电,并将情况报告驾驶台。

(3)起动副机恢复正常供电后,先通知驾驶台,大管轮打开示功阀,合上盘车机盘车,盘车时加注气缸油。注意随时将设备状况报告轮机长。

(4)二管轮起动另外一台副机并车供电,逐步恢复与主机相关的辅助设备。注意随时将设备状况报告轮机长。

(5)设备恢复完毕,盘车正常后,通知驾驶台,进行冲车,大管轮注意观察示功阀是否有异物冲出,正常后报告轮机长。

(6)冲车正常后,进行试车,起动主机,恢复主机运转。并报告驾驶台主机恢复运行,转换到驾驶台控制。

(7)大管轮、二管轮、三管轮巡视机舱,检查各自分管设备恢复到正常航行状态,并将结果报告驾驶台。

(8)轮机长召集各轮机员查明全船失电的故障原因(例如调速器执行机构卡死、滤器脏堵造成滑油压力低等),故障未查明和排除之前,禁止该副机投入正常运行。查明原因后提出相应的解决措施、预防措施,避免同类事故再次发生。

(9)将全船失电时的详细情况记入《轮机日志》。轮机长指示航行期间机舱注意事项,留下值班人员,其他人员撤离。

五、实训考核要点

(1)注意考察值班人员情景意识,应急情况处置及沟通能力,要求有效沟通,表达要清楚简洁。

(2)注意考察轮机长应急情况下的领导能力、风险管理能力,包括沟通、任务分派等。轮机长对各轮机员的命令应清楚明白,团队成员之间沟通应形成闭环,下属人员接受任务后可以提出质询并迅速正确完成任务。

(3)注意考察轮机部团队之间以及轮机长与驾驶台人员之间的通信与沟通。轮机部人

员情景意识良好,熟练使用船舶内部通信系统,实训过程逻辑关系正确。

(4)注意考察轮机部团队工作经验及应急情况处置能力,要求故障分析合理、因果明确,有风险管理的意识,必要时可联系岸基予以支持。

第四节 舵机失灵

一、实训目的

通过实训,使学生掌握应急工况下船舶舵机失灵时的情景意识、资源的分配和利用、通信与沟通、团队的协调和配合、领导力和决断力等相关知识和技能,并能正确操作和应用的基本能力,积累实际工作处理相应紧急情况的经验。以满足 STCW 公约马尼拉修正案及中华人民共和国海事局海船船员适任考试评估的相关要求。

二、实训基本知识要点

(1)正常航行中舵机失灵时机舱与驾驶台、轮机长与轮机员的通信与沟通(环境的认知;通信工具的选择;沟通方式和内容;信息的反馈)的基本知识。

(2)正常航行中舵机失灵时轮机部团队的协调和配合(资源的分配、分派和优先排序;沟通能力;决断力和领导力;情景意识;团队经验)。

三、实训的内容及要求

(1)模拟正常航行中舵机失灵时轮机部团队恢复船舶操纵性能的工作过程,要求实训流程正确,具备正常航行中舵机失灵时的情景意识。

(2)机舱与驾驶台、轮机长与轮机员之间沟通时使用正确的通信工具;语言交流清楚无歧义,使用标准的航海通信用语;对有疑问的决定和(或)行动适当询问和回复;沟通方式合理。

(3)团队领导能按正确的优先顺序进行资源分配,合理分配团队成员任务;有领导力和决断力;机舱与驾驶台、轮机长与轮机员之间配合良好。

四、实训的组织方法及步骤

(一)实训组织方法

(1)成员构成:3 名实训教师组成教练团队;4 名学生组成机舱团队(分别模拟轮机长、大管轮、二管轮、三管轮)。

(2)岗位分布:分别在驾驶台、集控室、机舱(舵机房)各安排 1 名实训教师。轮机长在集控室总体指挥,大管轮在机舱(舵机房)现场处理,二管轮管理船舶电站和辅机部分,三管轮负责值班及管理锅炉。

(二)初始情景

(1)人员情况:三管轮在集控室值班,轮机部其他人员不在机舱。

(2)预设情景:船舶正常航行中,海面开阔,与其他船舶的距离较远,驾驶台值班人员突然发现舵机失灵,驾驶台不能通过舵机操纵系统有效地操纵舵机,船舶无法转向,机舱接到通知后轮机部团队成员对应急状况进行处置。

(三)实训步骤

(1)航行中发现舵机失灵,驾驶台通知机舱值班人员和船长,机舱值班人员立即起动辅助或应急操舵装置,同时通知轮机长和机舱其他人员。

(2)轮机长保持同驾驶台的联系,三管轮简要说明情况。轮机长指示轮机员备车。

(3)根据应急计划的要求:轮机长在集控室负责执行驾驶台操纵主机的相关指令;大管轮迅速到舵机房查看情况;二管轮准备船舶电站及相应辅助设备;三管轮准备好锅炉及相关辅助设备。

(4)船长安排1名驾驶员和水手到舵机房,负责接听驾驶台的舵令并操纵舵机。

(5)大管轮将检查初步结果及舵机目前应急操纵的状况报告轮机长。

(6)二管轮备车工作完毕,到舵机房协助大管轮;三管轮备车工作完毕,到集控室协助轮机长,按车令操纵主机,执行船长和轮机长的命令。

(7)目前状况:船舶在应急操纵情况下,配合主机操纵能有效控制船舶的航向,但舵机主操纵装置无效。

(8)情况稳定后,轮机长指示三管轮在集控室操纵主机,执行驾驶台指令,随后到舵机房共同诊断主操舵装置故障。

(9)轮机长、大管轮、二管轮共同讨论分析,找到故障原因:遥控装置系统故障。故障原因较为复杂,轮机部自行抢修困难或无效。

(10)轮机长将检查结果立即报告船长,说明舵机失灵的原因,已经进行的抢修措施,需提供的支援和准备进一步采取的措施。

(11)轮机长及所有轮机员回到集控室,共同分析可能出现的情况,落实应采取的进一步应急措施。

(12)轮机长指示值班注意事项:“加强轮机值班,保持备车航行,配合驾驶员应急操舵”。

(13)船长将舵机失灵情况报告公司,需要公司支援的提出支援的建议措施,并向公司报告船舶动向。

(14)轮机长将舵机失灵相关事项记录入《轮机日志》。

五、实训考核要点

(1)注意考察值班人员情景意识,应急情况处置及沟通能力,要求有效沟通,表达要清楚简洁。

(2)注意考察轮机长应急情况下的领导能力、风险管理能力,包括沟通、任务分派等。轮机长对各轮机员的命令应清楚明白,团队成员之间沟通应形成闭环,下属人员接受任务后可以提出质询并迅速正确完成任务。

(3)注意考察轮机部团队成员之间以及轮机长与驾驶台人员之间的通信与沟通。熟练

使用船舶内部通信系统,团队成员之间沟通及对外沟通应顺畅,体现出较丰富的团队工作经验。轮机部人员情景意识良好,实训过程逻辑关系正确。

(4)注意考察机舱团队工作经验及应急情况处置能力,要求故障分析合理、因果明确,有必要的预防措施,必要时可联系岸基予以支持。

第五节　机舱进水

一、实训目的

通过实训,使学生掌握机舱进水时的情景意识、资源的分配和利用、通信与沟通、团队的协调和配合、领导力和决断力等相关知识和技能,并能正确操作和应用的基本能力,积累处理相关紧急情况的工作程序的经验。以满足 STCW 公约马尼拉修正案及中华人民共和国海事局海船船员适任考试评估的相关要求。

二、实训基本知识要点

(1)正常航行中机舱进水时机舱与驾驶台、轮机长与轮机员的通信与沟通(环境的认知;通信工具的选择;沟通方式和内容;信息的反馈)的基本知识。

(2)正常航行中机舱进水时轮机部团队的协调和配合(资源的分配、分派和优先排序;沟通能力;决断力和领导力;情景意识;团队经验)。

三、实训的内容及要求

(1)模拟机舱进水时轮机部团队恢复船舶正常运行的工作过程,要求实训流程正确,具备正常航行中机舱进水时的情景意识。

(2)机舱与驾驶台、轮机长与轮机员之间沟通时使用正确的通信工具;语言交流清楚无歧义,使用标准的航海通信用语;对有疑问的决定和(或)行动适当询问和回复;沟通方式合理。

(3)团队领导能按正确的优先顺序进行资源分配,合理分配团队成员任务;有领导力和决断力;机舱与驾驶台、轮机长与轮机员之间配合良好。

四、实训的组织方法及步骤

(一)实训组织方法

(1)成员构成:3 名实训教师组成教练团队;4 名学生组成机舱团队(分别模拟轮机长、大管轮、二管轮、三管轮)。

(2)岗位分布:分别在驾驶台、集控室、机舱各安排 1 名实训教师。轮机长在集控室负责总体指挥,大管轮在机舱现场处理,二管轮管理船舶电站和辅机部分,三管轮负责值班及管理锅炉。

（二）初始情景

（1）人员情况：三管轮在集控室值班，轮机部其他人员不在机舱。

（2）预设情景：船舶正常航行中，海面状况良好，船舶附近无其他船舶，值班人员在集控室值班时发现机舱污水井高水位报警，轮机部团队成员对该应急情况进行处置。

（三）实训步骤

（1）船舶正常航行，值班人员在集控室值班时突然发生污水井高位报警，值班人员立即到机舱底层核实情况，发现机舱底层大量进水，遂返回集控室，报告驾驶台，并通知轮机长及机舱其他人员。

（2）轮机长及机舱其他人员到达机舱，三管轮简要说明情况。根据应急计划，大管轮到机舱底层准备堵漏；二管轮准备电站及辅机；三管轮准备锅炉和其他系统。

（3）备车完毕，轮机长要求主机减速并报告驾驶台。

（4）大管轮汇报现场情况，发现主机海水泵出口管破裂造成大量海水进入机舱。按应急程序现已启动应急吸口，利用主海水泵排水，但水位继续上涨。

（5）轮机长指示，关闭高、低位海底门。开启所有能排水的泵排水，并报驾驶台。

（6）大管轮汇报水位得到控制，开始下降。轮机长指示三管轮关注主机及发电柴油机冷却系统压力及温度，防止跳电及主机停车，并将情况汇报驾驶台。

（7）水位控制后，大管轮和二管轮开始堵漏，堵漏过程中需监控主机，发电机组工况，必要时可以停止主机。

（8）堵漏成功，开启海底门测试堵漏位置，若没有泄漏，报告驾驶台；（若堵漏不成功，可能发生船舶沉没危险时，船长必须向全船紧急通报，尤其是夜间，必须采取一切措施通报就寝者，按照弃船应变部署行动。）

（9）堵漏后，继续排水，三管轮注意监控主机和辅机的热工参数，发现异常及时报告。

（10）驾驶台指示，机舱水量不多时，可以起动污水泵将舱底水排入污水柜，再通过油水分离器排放入海，防止污染事故的发生。

（11）大管轮汇报，水位持续下降，剩下约 10cm 的水位，建议用油水分离器排水。

（12）轮机长指示三管轮将剩余污水排到污水柜，择机用油水分离器排水，并将情况报告驾驶台。

（13）所有人员集中到集控室，分析破损的原因，提出进一步修理的措施，并提出预防措施。

（14）轮机长将机舱情况报告驾驶台，并提出进一步修理措施，下一步的预防措施，如需公司支持修理的，应及时将情况报告公司，并提出修理建议。

（15）轮机长指示值班注意事项，加强巡逻，并将情况记录入《轮机日志》。

五、实训考核要点

（1）注意考察值班人员情景意识，应急情况处置及沟通能力，要求有效沟通，表达要清楚简洁。

（2）注意考察轮机长应急情况下的领导能力、风险管理能力，包括沟通、任务分派等。轮

机长对各轮机员的命令应清楚明白，团队成员之间沟通应形成闭环，下属人员接受任务后可以提出质询并迅速正确完成任务。

(3)注意考察机舱人员之间以及轮机长与驾驶台人员之间的通信与沟通。熟练使用船舶内部通信系统，轮机部人员情景意识良好，实训逻辑关系正确。

(4)注意考察机舱团队工作经验及应急情况处置能力，要求故障分析合理、因果明确，有必要的预防措施，必要时可联系岸基予以支持。

第六节 主机吊缸检修

一、实训目的

通过实训，使学生掌握主机吊缸检修时的情景意识、资源的分配和利用、通信与沟通、团队的协调和配合、领导力和决断力、压力与疲劳管理等相关知识和技能，并能正确操作和应用的基本能力，积累检修相应设备工作程序的经验。以满足 STCW 公约马尼拉修正案及中华人民共和国海事局海船船员适任考试评估的相关要求。

二、实训基本知识要点

(1)机舱日常检修工作中机舱与驾驶台、轮机长与轮机员的通信与沟通(环境的认知；通信工具的选择；沟通方式和内容；信息的反馈)的基本知识。

(2)机舱日常检修工作中轮机部团队的协调和配合(资源的分配、分派和优先排序；沟通能力；决断力和领导力；情景意识；团队经验)。

三、实训的内容及要求

(1)模拟主机正常检修时轮机部团队的工作过程，要求实训流程正确，具备检修主机时的情景意识。

(2)主机检修工作中，机舱与驾驶台、轮机长与轮机员之间沟通时使用正确的通信工具；语言交流清楚无歧义，使用标准的航海通信用语；对有疑问的决定和(或)行动适当询问和回复；沟通方式合理。

(3)团队领导能按正确的优先顺序进行资源分配，合理分配团队成员任务(分配任务时考虑疲劳和压力的管理)；风险管理措施得当；有领导力和决断力；机舱与驾驶台、轮机长与轮机员之间配合良好。

四、实训的组织方法及步骤

(一)实训组织方法

(1)成员构成：3 名实训教师组成教练团队；4 名学生组成机舱团队(分别模拟轮机长、大管轮、二管轮、三管轮)。

(2)岗位分布:分别在驾驶台、集控室、机舱各安排1名实训教师。轮机长总体指挥,大管轮在机舱现场总体负责,二管轮负责曲柄箱拆装部分,三管轮负责缸头拆装部分。

(二)初始情景

(1)人员情况:轮机长在集控室,三管轮在集控室值班,轮机部其他人员不在机舱。

(2)设备情况:主机2#缸工作时间将近8000h,需要吊缸。抵港前轮机长根据港口要求,通过船长填写了吊缸申请。船舶靠港后,轮机部团队成员对检修工作进行布置和实施。

(三)实训步骤

(1)在进行主机吊缸检修前,轮机长通过船长向港口当局申请,征得港口当局的同意后组织轮机部团队成员进行吊缸作业。船长通知轮机长吊缸申请已经批准,时间为当天的0800~1800。

(2)轮机长组织轮机部全体人员就吊缸的基本操作和劳动安全进行培训(例如:要求大管轮检查好行车和液压泵,备好需更换的备件,在吊缸前放掉该缸缸套冷却水、切断燃油循环、合上盘车机、切断控制空气和起动空气,拆装主要零部件时需使用专用工具和保持有效沟通,避免出现人身伤害和设备损坏事故,人员安排要结合值班情况,避免疲劳作业等),要求团队成员在港口当局规定的时间段内完成主机吊缸作业。

(3)大管轮按照说明书要求对本人及其他团队成员在吊缸中所负责的具体任务做进一步布置和说明(例如:大管轮负责缸盖、活塞、缸套的拆检测量,二管轮负责曲轴箱内活塞杆的拆检,三管轮负责缸盖部分拆卸等),相关人员对工作中存在的疑问进行问询,轮机长、大管轮予以解答回应。

(4)团队成员按照分工各就各位,按照主机吊缸拆装程序的要求进行吊缸,团队成员相互协作和提醒。其中轮机长要对吊缸工作全面监督。

(5)起吊活塞前应将缸套上部的积炭彻底清洁干净,并确认专用工具被可靠安装后,方可起吊活塞。在清洁活塞和取下活塞环之前结合缸套进行检查如下内容:活塞环是否有磨损、积炭和润滑不良等情况。拆装活塞环必须使用专用工具。清洁活塞环槽及活塞环,并进行测量。

(6)轮机长应考虑到压力和疲劳的管理,工作中间安排休息,中午安排人员吃饭后,适当休息,下午继续工作。

(7)测量缸套前对测量工具进行校验。缸套测量数据与上次测量数据进行比较,判断气缸是否发生异常磨损。检查缸套内壁及气缸油泵的注油情况,并根据吊缸检查的结果为气缸注油量的调整提供依据。

(8)组装活塞杆填料函时气封和刮油环按说明书的结构组装好,不能错位。

(9)将各种测量结果与说明书的具体要求进行比较,视情调整或换新备件。

(10)各部件检查完毕后进行组装,组装时应认真仔细,防止返工。

(11)所有部件组装完毕,接通冷却水、滑油、燃油系统,检漏。

(12)测试无泄漏后,轮机长与船长联系进行试车,发现问题及时解决。

(13)试车正常后,报告船长,机舱吊缸工作顺利结束;机舱人员整理工具,及时将专用工具清洁并放回原处,做好场地、设备的清洁。

(14)大管轮清理更换的备件,及时登记,并将吊缸情况记录入《轮机日志》。

五、实训考核要点

(1)考察团队领导是否具有良好的决断力和领导力,同驾驶台的沟通,以及同机舱人员沟通信息是否畅通,对资源的分配、分派和优先排序的能力,情景意识要有充分的体现。

(2)注意考察轮机部团队成员之间的沟通能力与配合能力,熟练使用船舶内部通信系统,以及对资源的分配,团队成员情景意识和团队工作经验要有充分体现。

(3)注意考察轮机部领导分配工作时是否具备风险管理能力、疲劳和压力管理能力。

第七节　备件的申请与接收

一、实训目的

通过实训,使学生掌握船舶接收备件时的情景意识、时间和资源的限制、通信与沟通、团队的协调和配合、人员指派、优先排序等相关知识和技能,并能正确操作和应用的基本能力,积累备件申请与接收工作程序的经验。以满足 STCW 公约马尼拉修正案及中华人民共和国海事局海船船员适任考试评估的相关要求。

二、实训基本知识要点

(1)船舶备件申请与接收工作中轮机部与公司职能部门、轮机部与备件供应商的通信与沟通(环境的认知;通信工具的选择;沟通方式和内容;信息的反馈)的基本知识。

(2)船舶备件申请与接收工作中轮机部与驾驶员、轮机部团队的协调和配合(资源的分配、分派和优先排序;沟通能力;决断力和领导力;情景意识;团队经验)。

三、实训的内容及要求

(1)模拟船舶需要申请与接收部分备件的工作过程,要求实训流程正确,具备备件的申请与接收时的情景意识(需考虑船舶保安状况)。

(2)轮机部与备件供应商,轮机部与公司职能部门,机舱与驾驶台、轮机长与轮机员之间沟通时使用正确的通信工具;语言交流清楚和无歧义,使用标准的航海通信用语;对有疑问的决定和(或)行动适当询问和回复;沟通方式合理。

(3)团队领导能按正确的优先顺序进行资源分配(考虑时间与资源的限制),合理分配团队成员任务;有领导力和决断力;风险管理措施得当;机舱与驾驶台、轮机长与轮机员之间配合良好。

四、实训的组织方法及步骤

(一)实训组织方法

(1)成员构成:3 名实训教师组成教练团队;4 名学生组成机舱团队(分别模拟轮机长、

大管轮、二管轮、三管轮)。

(2)岗位分布:分别在驾驶台、集控室、机舱各安排1名实训教师。轮机长总体指挥,大管轮负责主机相关备件的申请和接收;二管轮负责船舶电站和辅机部分备件的申请和接收;三管轮负责锅炉等相关备件的申请和接收。

(二)初始情景

(1)人员情况:大管轮在集控室,轮机部其他人员不在机舱。

(2)预设情景:根据安排,船舶计划申请一批备件,请编写轮机部备件的申请、接收和保管计划。

(三)实训步骤

(1)轮机长简要说明情况:下航次的任务,上次申请备件的时间,本次备件申请计划,考虑半年日常检修所需,以及主机需吊6个缸、两台发电原动机吊缸等大型设备检修的计划。

(2)轮机长指示大管轮、二管轮、三管轮彻底清点备件,结合备件库存数量、检修消耗、检修项目计划,以及规范要求等有计划地申请。编写申请单,应包括造船厂、船名、部门、设备名称、制造厂商、设备型号、备件名称、备件编号、库存数量、申请数量、申请理由等内容,经轮机长审批,船上留复印件存档后报公司审核。

(3)当接到公司通知,将有备件安排在本港交船时,船长及轮机长到港要主动联系有关代理,避免漏交。

(4)值班驾驶员通知轮机长轮机部备件到货,准备接收,并指定专人将供应商带到轮机长房间,并告知轮机长当前船舶保安状况。

(5)轮机长通知大管轮,并提醒考虑船舶保安等要素,大管轮通知机舱相关人员接收备件。

(6)船上接收备件时,大管轮、二管轮、三管轮按签收单和申请单进行核对,查验备件合格证明。如发现有规格不符或不适用的,立刻报告轮机长通知公司,并将规格不符或不适用的备件保存好,等待指示,勿尝试自行加工改装。如发现存在质量、数量及服务方面的问题,除在签收单上批注外,还要填写备件质量反馈表报告公司,以便作为今后投诉和索赔的依据。禁止“三无”产品供船。

(7)备件清点完毕,轮机长签字,告知值班驾驶员备件供应商工作完毕,准备离船;将备件签收单交给船长签字盖章,船长将备件签收单扫描传送给公司。如果该港没有收到备件,离港后立即电告公司,以便及时处理。

(8)备件保管:大管轮、二管轮、三管轮分别接收备件后填写备件入库单进行登记,挂上标签(或卡片),按所属设备分类整齐地存放在固定位置。备件入库上架做好涂油、防锈保养工作。大型、重型、精密的备件妥善保存放置,做好衬垫、绑扎工作。备件出库时由大管轮、二管轮、三管轮负责在备件出库单进行登记,每次备件出、入库应对备件箱内明细表进行更新。

(9)轮机部人员分别向轮机长报告备件接收情况,轮机长提醒注意事项,实训结束。

五、实训考核要点

(1)考察团队领导是否具有良好的决断力和领导力,同驾驶台的沟通,以及同机舱人员

沟通信息是否畅通,对资源的分配、分派和优先排序的能力,情景意识要有充分的体现。

(2)注意考察轮机部团队成员之间的沟通能力与配合能力,熟练使用船舶内部通信系统,以及对资源的分配,团队成员情景意识和团队经验要有充分体现。

(3)考察团队成员是否具备风险管理能力,疲劳和压力管理的能力,实训流程是否合理正确。

第八节 燃油的加装

一、实训目的

通过实训,使学生掌握船舶加装燃油时的情景意识、资源的分配、分派和优先排序、通信与沟通、团队的协调和配合、决断力和领导力等相关知识和技能,并能正确操作和应用的基本能力,积累加装燃油工作程序的经验。以满足 STCW 公约马尼拉修正案及中华人民共和国海事局海船船员适任考试评估的相关要求。

二、实训基本知识要点

(1)燃油加装工作中轮机部与公司职能部门、轮机部与燃油供应商的通信与沟通(环境的认知;通信工具的选择;沟通方式和内容;信息的反馈)的基本知识。

(2)燃油加装工作中轮机部与驾驶员、轮机部团队的协调和配合(资源的分配、分派和优先排序;沟通能力;决断力和领导力;情景意识;团队经验)。

三、实训的内容及要求

(1)模拟船舶燃油加装的工作过程,要求实训流程正确,具备燃油加装时的情景意识(需考虑船舶保安状况)。

(2)轮机部与燃油供应商,轮机部与公司职能部门,轮机部与供油公证人员,机舱与驾驶台、轮机长与轮机员之间沟通时使用正确的通信工具;语言交流清楚和无歧义,使用标准的航海通信用语;对有疑问的决定和(或)行动适当询问和回复;沟通方式合理。

(3)团队领导能按正确的优先顺序进行资源分配(考虑时间与资源的限制),风险管理措施得当,合理分配团队成员任务;有领导力和决断力;机舱与驾驶台、轮机长与轮机员之间配合良好。

四、实训的组织方法及步骤

(一)实训组织方法

(1)成员构成:3 名实训教师组成教练团队;4 名学生组成机舱团队(分别模拟轮机长、大管轮、二管轮、三管轮)。

(2)岗位分布:分别在驾驶台、供油船、受油船加油站各安排 1 名实训教师,教师兼任加

油公证。轮机长总体指挥,大管轮在加油现场监控,二管轮加油船测量,阀门控制,三管轮油舱监控。

(二)初始情景

(1)人员情况:大管轮在集控室,轮机部其他人员不在机舱。

(2)预设情景:根据计划,船舶将在该停靠港进行加装燃油作业,轮机部团队成员按照加油前的准备、加油过程中、加油结束的具体操作步骤进行操作。

(三)实训步骤

(1)轮机长根据当前存油情况及下航次任务,经与船长商议提出加油数量、规格的申请。

(2)轮机长根据公司(或租家)的加油指令主动询问船长,了解加油港口的防污染规定和加油要求,严格按照《船舶油污应急计划》要求,做好加油前的各项准备工作。

(3)为避免燃油混舱,轮机长应与大副协商所加油舱的数量和舱号、加油舱顺序,按照加装量不大于90%舱容的原则制定"移油计划",并指示主管轮机员(二管轮)加油前应做好燃油的调驳并舱工作。二管轮根据轮机长的指示提前做好燃油调驳工作。

(4)加油前48h内,轮机长对所有参加本次加油的人员进行培训,培训内容包括"移油计划""移油程序检查表"、港口规定和注意事项,一旦溢油,应采取的措施,同时应做好相关的培训记录。轮机长应安排好加油人员的工作时间,寒冷地区应提前安排主管轮机员做好加油油舱的加温工作。(大副负责调整好船舶吃水保持船舶平衡,艏艉吃水差在0~1m为宜)。

(5)值班驾驶员通知轮机长加油船靠近,并告知轮机长当前保安等级和所采取的措施。值班水手负责白天悬挂"B"信号旗,夜晚亮"红"灯;甲板值班人员负责加油船的带缆工作;木匠负责堵塞甲板疏水孔。

(6)轮机长加油前应检查核对供油商提供的经其签署的书面声明,以证明其所提供的油品符合要求,对于供油船的燃油必须向供应商索取"材料安全数据单"。

(7)轮机长通知大管轮准备加油,大管轮通知机舱所有人员准备加油,安排人员时需考虑疲劳和压力的管理。

(8)相关人员在加油场所附近备好防污染器材、消防器材;二管轮负责在加油现场悬挂"移油程序检查表""移油计划""加油管系图和舱柜管系控制阀简图"、指导操作牌和"禁止烟火"警告牌。检查受油舱(柜)的透气孔,堵好集油槽放残孔。

(9)大管轮负责协助供油船安装供油管,确认供、受油管接头已安装稳妥,二管轮确认管系上各阀门启闭正确。

(10)二管轮和公证人员登上供油船,量油之前,首先检验其量具,然后对所有油舱(包括空舱和非指定供油的油舱)进行油位的测量或抄录流量表读数。受、供油双方在测量记录上签字确认、并各存一份。校对好通信工具,供、受油双方确认联系方式、通信信号以及所采取的应急措施。

(11)开始加油时应记录好时间,并报告轮机长。起始加油的速度应缓慢,经测量确认供给的油料已进入指定的油舱(柜)且无泄漏后方可通知加油船将加油速率提高到规定值。大管轮指派人员应加强对输油管、接头、盲板及受油舱(柜)透气口等位置的巡回检查。加油接头处应有专人看守,甲板应有专人巡视。在本船或指派专人到加油船上采用全程滴油方式

提取油样,轮机长绝不接受供油方提供的预先密封的油样。

(12)负责测量的三管轮必须勤测量油位(特别是即将达到计划油深前)以监测受油舱装油的状况,必要时与供油方联系降低泵速;注意对不受油舱(柜)的检查、测量。

(13)当受油舱(柜)油位达到3/4舱容时,主管轮机员(二管轮)应稍开下一受油舱(柜)的进油阀以防溢油;在关闭受油舱(柜)进油阀前,应先全部打开下一受油舱(柜)的进油阀;当最后的受油舱(柜)装至2/3舱容时,应要求供油方降低泵速,必要时提前通知供方停泵,再低速补足。

(14)加油结束后,确认供油泵已停止,记录时间,并告知轮机长。油管用空气吹扫前,供油船通知受油船准备用空气吹扫,这时应防止油舱太满溢出。

(15)待油位稳定后,主管轮机员会同公证人员对各受油舱(柜)进行最终测量,并根据测量结果,计算总的加油量,同时,主管轮机员应会同公证人员到油驳上,确认所有油舱(柜)的油位高度或流量表读数及油温,计算出油驳剩余量。如果双方确认数量、质量相符,轮机长在供应方提供的交油收据上签字,并将加油收据单交船长签字,扫描报公司及租家。

(16)如计算后发现装油数量不足,应要求供油方继续开泵补足,之后关闭加油总管截止阀,保证无残油滴漏时,拆除加油连接管,关闭或封好所有阀门或盲板。滴漏到甲板上或集油槽的残油应立即清理和回收。

(17)如对装油数量、质量仍存在争议,要向供油方提出书面声明,一式三份由受油、供油及公证三方签字盖章,各存一份,或在燃油收据上加批注,并立即报船长电告公司。

(18)在签署油样前轮机长应仔细核对油样瓶上标签的内容与“加油记录单”上的参数是否相符,然后铅封;油样两瓶留船、一瓶交给供油方,一瓶给现场公证人员。

(19)加油结束,轮机长应通知值班驾驶员,供油船离开,并将详细情况记入《油类记录簿》。

(20)现场清理完毕,实训结束。

五、实训考核要点

(1)考察团队领导是否具有良好的决断力和领导力,同驾驶台的沟通,以及同机舱人员沟通信息是否畅通,对资源的分配、分派和优先排序的能力,情景意识要有充分的体现。

(2)注意考察轮机部团队成员之间的沟通能力与配合能力,熟练使用船舶内部通信系统,以及对资源的分配,团队成员情景意识和团队经验要有充分体现。

(3)考察团队成员是否具备风险管理能力,疲劳和压力管理的能力,实训流程是否合理正确。

第九节　轮机部日常维修保养计划的编制实施

一、实训目的

通过实训,使学生掌握轮机部日常维修保养计划编制和实施时的情景意识、时间和资源的限制、通信与沟通、团队的协调和配合、人员的指派、优先排序、决断力和领导力等相关知

识和技能,并能正确操作和应用的基本能力,积累轮机部日常维修计划编程程序的经验。以满足 STCW 公约马尼拉修正案及中华人民共和国海事局海船船员适任考试评估的相关要求。

二、实训基本知识要点

(1)轮机部日常维修保养计划编制和实施工作中轮机部与公司职能部门、轮机部与甲板部的通信与沟通(环境的认知;通信工具的选择;沟通方式和内容;信息的反馈)的基本知识。

(2)轮机部日常维修保养计划编制和实施时轮机部团队的协调和配合(资源的分配、分派和优先排序;沟通能力;决断力和领导力;情景意识;团队经验)。

三、实训的内容及要求

(1)模拟轮机部日常维修保养计划的编制与实施的工作过程,要求实训流程正确,具备轮机部日常维修保养计划编制与实施的情景意识。

(2)轮机部日常维修保养计划编制过程中机舱与驾驶台、轮机长与轮机员之间沟通时使用正确的通信工具;语言交流清楚并无歧义,使用标准的航海通信用语;对有疑问的决定和(或)行动适当询问和回复;沟通方式合理。

(3)轮机部维修保养计划编制过程中对任务目标的认知合理,计划协调完善,实施的优先顺序合理,风险管理措施得当。

(4)团队领导能按正确的优先顺序进行资源分配(考虑疲劳和压力的管理),合理分配团队成员任务;有领导力和决断力;机舱与驾驶台、轮机长与轮机员之间配合良好。

四、实训的组织方法及步骤

(一)实训组织方法

(1)成员构成:3 名实训教师组成教练团队;4 名学生组成机舱团队(分别模拟轮机长、大管轮、二管轮、三管轮)。

(2)岗位分布:分别在驾驶台、集控室、机舱各安排 1 名实训教师。轮机长总体指挥,大管轮负责主机相关工作,并协调安排机舱工作;二管轮负责船舶电站和辅机相关工作,三管轮负责锅炉等相关工作。

(二)初始情景

(1)人员情况:三管轮在集控室,轮机部其他人员不在机舱。

(2)预设情景:根据航次计划,提出轮机部下航次日常保养工作计划,轮机部团队围绕航次计划需开展的工作展开讨论。

(三)实训步骤

(1)船长通知轮机长下航次任务,计划时间。

(2)轮机长通知所有人员到集控室集中。

(3)轮机长下达编写设备日常维修保养计划的通知。提出计划编制的原则:设备现有技

术状况;说明书的要求;公司机务部门的要求等。

(4)大管轮、二管轮、三管轮分别检查各自负责设备的技术状态。

(5)轮机部人员根据各自负责设备的技术状态提出并编写设备日常维修保养计划。

(6)二/三管轮将编写的设备日常检修计划交大管轮汇总,并与大管轮充分沟通。

(7)大管轮将计划汇总后,报轮机长审批。轮机长提醒大管轮在计划执行过程中的原则:主机相关工作尽量安排到港后实施,并考虑压力疲劳管理,及到港接收备件、物料、加油等相关事务的时间;辅机、泵等相关设备尽量安排航行中开展;防污染设备、安全设备第一时间安排检修,应于抵港前保证随时可用,以备检查。

(8)大管轮根据设备日常维修保养计划分配人员进行检修,这时二/三管轮参加并说明自己主管设备的分配人员情况。

(9)二/三管轮将检修的情况向大管轮汇报,并与其沟通。轮机部人员将检修的有关内容记录在各自的检修记录簿上。

(10)大管轮将检修的情况向轮机长汇报。轮机长总结计划实施的成绩及存在的问题。主管轮机员将检修的有关内容记入《轮机日志》,实训结束。

五、实训考核要点

(1)考察团队领导是否具有良好的决断力和领导力,同驾驶台的沟通,以及同机舱人员沟通信息是否畅通,对资源的分配、分派和优先排序的能力,情景意识要有充分的体现。

(2)注意考察轮机部团队成员对任务目标要有合理的认知,计划和协调完善,充分考虑时间和资源的限制,安排检修任务时间合理。

(3)考察团队成员是否具备风险管理能力,疲劳和压力管理的能力,是否具备情景意识,实训流程是否合理正确。

附录　计划编制题卡

计划编制　题卡一

船型	集装箱船
船舶航线	船舶航线是从新加坡到中国再到荷兰，靠泊以下港口和停靠时间，新加坡 12h ⟶上海 24h ⟶宁波 10h ⟶深圳赤湾 15h ⟶新加坡⟶阿姆斯特丹
船舶动态	现在是早上在海上航行，第二天靠新加坡，装卸完货后去上海，在新加坡需要接收物料备件
船舶机舱设备状况和保养项目	主机一个排气阀运行时间到期需要吊检； 主机一个缸活塞环到港检查发现断裂需要更换； 一台燃油分油机故障； 此次到新加坡时运转中辅机已经连续运转 230h； 锅炉燃烧器的清洗；等等

计划编制　题卡二

船型	汽车船
船舶航线	欧洲到香港，现在船舶沿途停靠德国的不来梅港 12h ⟶汉堡 16h ⟶英国南安普顿 12h ⟶法国马赛 10h ⟶香港，船舶过苏伊士运河
船舶动态	现在是早上，船舶明天 09:00 靠泊不来梅，在不来梅港需要接收备件物料，汉堡要加装燃油 4000t
船舶机舱设备状况和保养项目	主机高压油泵一台到期需要更换； 主机排气阀有一个需要吊检； 主机滑油分油机加热器温度达不到要求； 三台发电机其中一台到期需大修；等等

计划编制　题卡三

船型	散货船
船舶航线	温哥华⟶深圳⟶澳大利亚
船舶动态	温哥华装油菜籽到深圳，代理通知靠港 PSCO 计划上船检查，两天后到深圳港，到中国深圳港卸货 30h。下个航次到澳大利亚装小麦，在深圳有物料接收
船舶机舱设备状况和保养项目	主机扫气道需要清洁； 造水机工况不好，造水量明显低于正常值； 一台燃油分油机供给泵轴封漏油严重； 应急发电机启动电瓶老化，充电困难，现只能手动液压启动

计划编制　题卡四

船型	集装箱
船舶航线	广州⟶青岛⟶釜山⟶广州
船舶动态	你是新上船接班的轮机长，对此船情况并不是很了解，经过这两天的航行，你发现船舶机舱状况不是很好，现在是星期一早上，星期二上午10:00靠广州码头。靠泊港口时间：广州16h⟶青岛20h⟶釜山12h
船舶机舱设备状况和保养项目	主机有一个缸需要吊缸； 主机增压器工况也不是很好，可能需要更换轴承； 三台发电机中有一台需要检修； 应急消防泵排出压力达不到要求、油水分离器等防污染设备工况差；等等

计划编制　题卡五

船型	散货船
船舶航线	远洋环球航线
船舶动态	现在是海上航行早上机舱工作晨会，第二天靠厦门卸货停靠码头24h；然后去宁波装货停靠码头20h
船舶机舱设备状况和保养项目	锅炉燃烧器的清洁； 锅炉废气侧清洗时间已到； 主机一个缸的排气阀运行时间到期需要吊检； 主机一个缸的喷油嘴到期需要更换； 主机一个缸的活塞环断裂需要更换； 一台燃油分油机故障； 运转中的发电机滑油压差大；等等

计划编制　题卡六

船型	散货船
船舶航线	远洋环球航线
船舶动态	海上航行两天后靠日本大阪港，且有副机备件接收
船舶机舱设备状况和保养项目	航行中2号和3号副机并联运行，因3号副机淡水冷却器海水侧脏堵导致其淡水温度高而报警； 因这次装载的燃油质量不好杂质多，如处理不好滤器容易脏堵； 1号副机曾用轻油，因高压油泵内漏大，难以启动； 风机房百叶窗检查时发现不能完全关闭； 一台海水泵漏泄严重

计划编制　题卡七

船型	散货船，无人机舱
船舶航线	远洋环球航线
船舶动态	船已航行出了马六甲海峡1d，开向巴西桑托斯港30d后到达
船舶机舱设备状况和保养项目	主机1号缸排温过高，扫气温度也高，检查确认此缸活塞环断裂； 三台发动机有一台正在吊检大修； 一台空调制冷效果不好； 两台空压机保养时间已到； 油水分离器使用效果不理想；等等

计划编制　题卡八

船型	集装箱-1000TEU
船舶航线	红海地区沙特阿拉伯──→苏丹──→亚丁
船舶动态	船舶现在因为在没有泊位，现在是早上08:00在亚丁港口抛锚，抛锚两天后进港停靠12h
船舶机舱设备状况和保养项目	有三台燃油分油机，只有一台工况良好； 到亚丁港有废油30t要送岸； 有公司主管在亚丁港上船来访船，进行为期一周的例行检查；等等

计划编制　题卡九

船型	汽车船，无人值班机舱
船舶航线	韩国──→孟买──→金奈──→欧洲
船舶动态	船舶现在从孟买出发两天，5d后到金奈。从明天起进入海盗区，要值3d的海盗班，机舱改为有人机舱，公司要求机舱值海盗班
船舶机舱设备状况和保养项目	污水柜已经快满了，污水需要排海； 辅锅炉在金奈有年检； 主机工况良好； 主空压机油使用时间过长，需要更换； 一台发电机空冷器冷却效果不好需要清洗，增压器有喘振现象；等等

计划编制　题卡十

船型	汽车船无人值班机舱
船舶航线	中东──→欧洲
船舶动态	船舶从科威特出发到欧洲，还有2d后到欧洲的汉堡港口，停靠16h后到英国朴次茅斯港停靠20h，然后开往中东的沙特阿拉伯吉达港
船舶机舱设备状况和保养项目	昨天接到大副电话，甲板上的Side Ramp(舷门跳板)液压油管发现大量漏油，需要更换液压油管，下个港口就要使用； 一台发电机高温淡水泵轴封漏水； 主机两台空冷器到期要清洗； 主机的安全检查也快到期了；等等

参 考 文 献

[1] 蒋德志,李品芳.机舱资源管理[M].大连:大连海事大学出版社, 2011.

[2] 李章德. 轮机管理中情景意识的培养[J].中国水运,2009.

[3] 方泉根. 驾驶台资源管理[M]. 北京: 人民交通出版社, 2006.

[4] 张跃文.船舶管理[M]. 大连:大连海事大学出版社,2012.

[5] 中华人民共和国海事局.中华人民共和国海船船员适任评估规范[S]. 大连:大连海事大学出版社, 2012.

[6] 吕凤明. E · F 船机舱事故统计与分析[J]. 船海工程,2014.

[7] 曾向明, 杨智远, 詹玉龙.机舱资源管理[M].上海:上海浦江教育出版社,2012.

[8] 黄连忠.机舱资源管理[M].大连:大连海事大学出版社, 2012.

[9] 朱永强,倪科军.机舱资源管理[M].大连:大连海事大学出版社, 2014.

[10] 朱锡仁,杨玉峰.人为因素与海事预防[C].2009 年苏浙闽沪航海学术研讨会, 2009.

[11] 楼海军.机舱资源管理与培训[J]. 中国产业,2012.